하나님이 쓰시는 리더

15명의 리더에게 배우는 45가지 리더십

**하나님이
쓰시는
리더**

초판1쇄 2017년 11월 20일

지은이_ 박승효

펴낸이_ 채주희

펴낸곳_ 엘맨출판사
　　　　서울특별시 마포구 신수동 448-6
　　　　TEL : 02-323-4060, 02-6401-7004
　　　　FAX : 02-323-6416
　　　　E-mail : elman1985@hanmail.net
　　　　www.elman.kr

출판등록 제 10호-1562(1985.10.29.)

값 13,000원

ISBN 978-89-5515-611-9(03230)

*저자의 허락 없이 복사나 전제를 금합니다.
　잘못된 책은 바꿔드립니다.

하나님이 쓰시는 리더

15명의 리더에게 배우는 45가지 리더십

박승효 지음

좋은 책으로 하나님의 사람을 만들어 가는 **엘 맨**

추 · 천 · 사

성경이야 말로
리더들의 이야기입니다

출판물의 홍수 속에서 살고 있습니다. 하루에도 수많은 도서들이 출판되고 있습니다. 하지만, 우리 국민은 하루 평균 6분의 독서 시간과 1년 평균 9.6권의 책을 읽고 있습니다. 손에 들려 있는 스마트 폰이 우리로 하여금 책으로부터 멀어지게 하는 효과를 나타내고 있다고 언론에서는 보도하고 있습니다. 책을 읽어야 한다는 당위성은 알고 있지만, 읽는 것이 쉽지 않은 여건 속에서 현대인들은 살고 있습니다. 스마트 폰 혹은 컴퓨터를 통한 검색을 통해서 필요한 정보만 취하는 방식의 지식 취득은 단순한 지식은 제공하겠지만, 깊은 통찰력과 사고력을 제공할 수는 없습니다. 저자가 오랜 시간 동안 숙고한 지혜를 경험하고, 그를 통한 삶의 풍성함을 경험하려면 반드시 독서를 통한 저자와의 깊은 대화가 요구됩니다.

신앙 서적도 넘쳐나고 있는 오늘의 현실이지만, 박승효 목사님의 『하나님이 쓰시는 리더』는 일반적인 리더십에 관한 이론과 기독교적 관점에서의 리더십, 그리고 가장 중요한 성경을 통한 리더십에 관해서 목회자의 관점에서 통전적으로 기술한 저서입니다. 리더십에 관한 출판물들이 많지만, 목회자들과 성도들이 교회 현장에서 직접적으로 활용할 수 있는 저서는 찾기 어려운 현실이기에, 박승효 목사님의 『하나님이 쓰시는 리더』는 매우 큰 의미가 있습니다. 위 책에서도 밝히고 있듯이 리더는 만들어 지는 것이고, 누구든지 리더가 될 수 있으며, 훈련을 통해서 더 좋은 리더가 될 수 있다는 기본적인 신념 속에서, 교회의 구성원 모두가 한 조직의 리더가 될 수 있는 길을 저자는 성경의 인물들을 통해서 제시하고 있습니다.

성경이야 말로 리더들의 이야기입니다. 수많은 리더들이 있지만, 구약의 10인과 신약의 5인을 통해서 다양한 리더십을 제공하고 있습니다. 이들의 리더십을 어떻게 교회 공동체가 이해하고 배우고, 삶에서 적용할 수 있는지에 대한 구체적인 방안들도 적용과 나눔을 통해서 제공하고 있는 매우 실제적인 책입니다. 개인적으로 뿐 아니라, 소그룹 영성 지도를 위한 교재로도 훌륭한 책입니다. 『하나님이 쓰시는 리더』가 한국 교회의 리더십에 대한 좋은 표본의 역할을 감당할 것입니다. 모든 교회의 성도들이 하나님의 기쁨과 소망이 되는 리더로 세워지는데 『하나님이 쓰시는 리더』가 가이드 서적이 될 수 있기를 기도합니다.

박해정 교수
(감리교신학대학교 예배학 교수)

추 · 천 · 사

우리는 좋은 리더가
되기를 꿈꿉니다

하나님은 우리 모두를 리더로 창조하셨습니다. 사람은 누구나 교회에서 가정에서 사회에서 평생 누군가에게 영향을 주며 살아가고 있습니다. 더욱 놀라운 사실은 이 세상 모든 사람은 평생 최소 2만 명에게 긍정적이건 부정적이건 영향을 준다는 연구 결과가 있습니다. 그래서 우리는 언제나 좋은 리더가 되기를 꿈꿉니다. 그러나 좋은 리더가 되는 것이 쉽지 않다는 것을 경험하게 됩니다. 특별히 어려운 상황을 만나면 무엇을 어떻게 해야 하는지 잘 몰라 리더의 역할을 잘 수행하지 못할 때가 너무 많습니다.

평생 제자교육을 통해 시대를 새롭게 창조하는 리더를 키우는 목회를 해왔던 박승효 목사님이 우리의 고민을 해결할 『하나님이 쓰시는 리더』라는 좋은 책을 출판하게 되었습니다. 이 책은 성경에서 어려운 상황을 믿음과 지혜로 잘 해결한 15명의 리더 이야기를 담고 있습니다. 저자는 세심한 관찰과 철저한 분석을 통해 다양한 상황 속에서 성경 속 리더들이 가지고 있었던 내면의 힘과 힘든 상황을 풀어가는 지혜를 아주 쉽고 재미있게 소개함으로써 누구나 읽으면서 삶의 자리에서 적용할 수 있도록 집필했습니다. 또한 리더 한 사람을 소개 할 때마다 마지막 부분에 적용과 나눔을 할 수 있는 아주 유용한 질문들을 제시함으로 개인 뿐 아니라 소그룹에서 리더십 교재로도 사용할 수 있게 했습니다.

그러므로 『하나님이 쓰시는 리더』라는 책은 현대를 살아가는 기독교인 뿐 아니라 모든 사람이 꼭 읽어야 할 책이라고 생각되어 기쁜 마음으로 이 책을 추천합니다.

최신성 목사
(계산중앙감리교회 담임목사)

추 · 천 · 사

영적 리더의 소중함을
일깨워주는 책입니다

　사랑하고 존경하는 박승효 목사님의 15명의 성경 인물들을 중심으로 한 「하나님이 쓰시는 리더」라는 책의 첫 출판을 진심으로 축하드립니다.

　박 목사님은 2대 목사님의 가정에서 태어나 4형제 목사 중 한 사람으로 신실하게 자라온 마지막 때 참으로 충성스러운 하나님의 종입니다. 박 목사님을 처음 알게 된 것은 10여 년 전 '크리스찬치유연구원'에서 가르칠 때였습니다. 그 후 섬기는 사도들교회에 부흥회를 인도하러 갔다가 그의 목회에 큰 은혜와 도전을 받았습니다. 초대교회와 같이 성령 충만한 가운데 뜨겁게 부흥하는 교회를 이루고 있었습니다. 말세 마지막 때 젊은 목사로서 참으로 보기 드문 목회였습니다.

　그런데 이번에 성경 리더들의 특징적인 삶과 그의 목회현장의 생생한 체험을 담은 「하나님이 쓰시는 리더」라는 책을 출판한다는 소식을 듣고 너무도 기쁘고 기대가 되었습니다.

이 책은 점점 영적으로 침체 되어가는 한국교회에 영적 리더의 소중함을 일깨워 주는 좋은 책입니다. 또한, 이 책은 15명의 성경 리더들의 45가지 리더십을 담고 있다는 점에서 리더가 되기를 소망하는 이들에게 유익한 책입니다. 따라서 이 책이 목회자는 물론이거니와 성도들에게도 좋은 책이 될 것을 확신하면서 기쁜 마음으로 이 책을 간절히 추천하는 바입니다.

김의식 목사
(치유하는장로교회 담임목사, 치유상담대학원대학교 교수)

PROLOGUE · 프롤로그

하나님이 쓰시는 리더를 출판하면서

2000년도에 존 맥스웰(John Maxwell) 박사의 "당신 안에 잠재된 리더십을 깨우라"(두란노)는 책을 읽게 된 것은 내 인생에서 참으로 감사한 일이다. 나는 이 책을 읽으면서 리더십에 관심을 갖게 되었고, 이때부터 리더십에 관한 존 맥스웰 박사의 책을 읽기 시작했다.

2002년도에 기독실업인회(CBMC) 인천연합회 서부지회 담당목사로 섬길 수 있는 기회를 얻게 된 것도 참으로 감사한 일이다. 나는 이 조찬 모임에서 그동안 읽은 리더십에 관한 책들을 토대로 '리더십 강의'를 했는데 반응이 참 좋았다. 이 조찬모임에서 4년 동안 강의했던 자료들이 나중에 "리더십 자료집"으로 만들어져 우리교회 리더들을 훈련하는 자료로 활용된 것도 감사한 일이다.

2015년도에 교회 표어를 "리더를 세우는 교회"(엡4:13)로 정하고 리더십에 관한 시리즈 설교를 시작했다. 내가 "리더십 시리즈" 설교를 시작한 데에는 세 가지 이유가 있었다.

첫째, 리더는 태어나는 것이 아니라 만들어진다는 것을 나누기 위해서다.

에디슨은 "천재는 99%의 땀과 1%의 영감으로 만들어진다"는 말을 했다. 이 말은 리더는 태어나는 것이 아니라 학습을 통해 만들어진다는 말과도 일맥상통한다. 예수님의 제자들은 대부분이 어부 출신이었다. 그런데, 그들이 예수님께 훈련을 받았을 때 그들은 초대교회의 중요한 리더로 성장하게 되었다. 나는 설교를 통해 "리더는 태어나는 것이 아니라 만들어진다"는 것을 나누고 싶었다.

둘째, 누구든지 리더가 될 수 있다는 것을 나누기 위해서다.

대개 사람들은 몇몇의 특별한 사람만이 리더가 될 수 있다고 생각한다. 그리고 나는 리더와는 상관이 없는 사람이라고 생각하기도 한다. 그러나 이것은 잘못된 생각이요 편견이다. 하나님께서 모세를 출애굽의 리더로 부르실 때 모세는 "나는 입이 뻣뻣하고 혀가 둔한 자"(출4:10)라고 고백하면서 부르심을 거부했다. 하지만, 하나님은 모세를 출애굽을 실현하는 최고의 리더로 사용하셨다. 모세는 '나는 리더감이 아니다'라고 생각했지만 결국 모세는 '좋은 리더'로 성장하게 되었다. 나는 설교를 통해 "누구든지 리더가 될 수 있다"는 것을 나누고 싶었다.

셋째, 훈련하면 더 좋은 리더가 될 수 있다는 것을 나누기 위해서다.

사도 바울은 정통 유대인으로서 가말리엘이란 당대 최고의 학자에게 공부한 똑똑한 사람이다. 그는 바리새파에 속한 율법에 능한 사람이고, 로마의 시민권자로서 헬라 철학에도 능한 사람이었다. 하지만, 그가 예수님을 만난 이후 아라비아 광야에서 3년 동안 훈련을 받으면서 그는 이전보다 더 탁월한 리더로 성장하게 되었다. 그리고 이방인을 위한 전도자로서 크게 쓰임을 받게 되었다. 따라서 바울은 훈련을 통해 더 좋은 리더로 성장하게 되었다. 나는 설교를 통해 이미 좋은 리더의 자리에 있는 사람들도 '훈련하면 더 좋은 리더가 될 수 있다'는 것을 나누고 싶었다.

『하나님이 쓰시는 리더』를 집필함에 있어서 먼저는 15명의 성경 인물을 선택하여 그들의 리더십을 연구했다. 그리고 각각의 인물을 대표할만한 리더십의 특징을 3가지로 정리했다. 이렇게 해서 15명의 리더에게 배우는 45가지 리더십의 특징이 만들어진 것이다. 마지막 부분에는 리더에게서 배울 점들을 찾아서 적용하는 '적용과 나눔'을 실었다. 이 '적용과 나눔'이 책을 읽는 개인뿐 아니라 소그룹에서도 유익하게 사용되기를 바란다.

『하나님이 쓰시는 리더』는 크게 세 부분으로 구성되어 있다.

1부는 서론에 해당되며, 여기서는 리더를 세우는 목적과 원칙을 소개했다. 2부는 구약의 리더와 리더십에 해당되며, 구약에서 10명의 리더를 선택하여 그들의 리더십의 특징을 소개했다. 3부는 신약의 리더와 리더십에 해당되며, 신약에서 5명의 리더를 선택하여 그들의 리더십의 특징을 소개했다.

2015년도에 '리더십 시리즈' 설교를 마치면서 이 설교를 책으로 출판하여 다른 이들과 나누고 싶은 마음이 있었는데, 이제서야 이런 나의 생각을 실천에 옮기게 되었다. 금년은 내가 목회를 시작한 지 20주년이 되는 해이고, 사도들교회를 개척한 지 10주년이 되는 해이다. 또한, 내 나이가 만 50세가 되는 지천명(知天命)의 해이기도 하다. 따라서 이런 모든 것들을 기념하여 내 생애 첫 번째 책인 『하나님이 쓰시는 리더』를 출판하게 되어 매우 기쁘다.

부족한 사람이 지난 10년 동안 사도들교회를 섬길 수 있도록 기도해주시고 도움을 주신 사도들교회 장로님 이하 모든 성도들에게 감사를 드린다. 나를 위해 기도해 주시고, 나의 설교에 귀를 기울여주는 사도들교회 성도들이 있었기에 내가 열심히 설교할 수 있었고, 나의 설교가 책으로 출판될 수 있게 된 것이다. 내가 목회자의 길을 걸어갈 수 있도록 가르쳐 주시고, 나에게 목회 비전을 심어주신 나의 아버지 故 박상호 목사님과 어머니 정홍순 사모님께도 감사를 드린다. 내가 목회를 잘 할 수 있도록 항상 배후에서 기도해주시는 장인 김욱일 목사님과 장모 김학희 사모님께도 감사를 드린다. 나의 사랑하는 아내이면서 동시에 목회의 동역자인 김은영 사모와 사랑하는 자녀들(예원,준영)에게도 고마움을 표한다. 항상 곁에서 나에게 힘과 용기를 주는 가족이 있었기에 목회 사역을 잘 감당할 수 있었다. 나에게 리더십에 대해서 비전을 갖게 해 주신 존 맥스웰 박사님께도 감사를 드린다. 내가 추천사를 부탁했을 때 기쁜 마음으로 추천사를 써 주신 사랑하는 친구 최신성

목사님과 멋쟁이 신학자인 감리교신학대학교 박해정 교수님, 그리고 존경하는 치유하는교회 김의식 목사님께도 이 자리를 빌어서 심심한 감사의 마음을 전한다. 이 책이 출판될 수 있도록 재정적으로 후원해 주신 분에게도 깊은 감사를 드린다. 내가 쓴 글을 꼼꼼하게 교정해 주신 박승신 목사님과 염희수 형제님, 그리고 훌륭한 책으로 만들어주신 엘맨출판사 임직원에게도 감사를 드린다. 끝으로 지난 50년의 세월 동안 목회자의 길을 준비하게 하시고, 목회자의 길을 꿋꿋하게 걸어갈 수 있도록 인도해 주신 하나님께 감사와 영광을 올려 드린다.

2017년 10월 31일
교회 창립 10주년과 종교개혁 500주년을 기념하면서
사도들교회 목양실에서 **박승효 목사**

| 차 례 |

추천사1 (박해정교수, 감리교신학대학교 예배학 교수)   4
추천사2 (최신성목사, 계산중앙감리교회 담임목사)   7
추천사3 (김의식목사, 치유하는장로교회 담임목사)   9

프롤로그   11

1부 리더를 세우는 목적과 원칙

CHAPTER 01 리더를 세우는 목적   23
CHAPTER 02 리더를 세우는 원칙   37

2부 구약의 리더와 리더십

CHAPTER 01	아브라함 : 믿음의 리더	55
CHAPTER 02	요셉 : 꿈꾸는 리더	69
CHAPTER 03	모세 : 부르심에 순종한 리더	83
CHAPTER 04	여호수아 : 무대 뒤에 선 리더	99
CHAPTER 05	사무엘 : 기도하는 리더	115
CHAPTER 06	다윗 : 하나님의 마음에 맞는 리더	131
CHAPTER 07	솔로몬 : 지혜로운 리더	145
CHAPTER 08	느헤미야 : 비전을 성취한 리더	161
CHAPTER 09	에스더 : 민족을 구원한 리더	179
CHAPTER 10	다니엘 : 하나님 중심에 선 리더	195

3부 신약의 리더와 리더십

CHAPTER 01	베드로 : 열정의 리더	213
CHAPTER 02	사도 바울 : 전도에 주력하는 리더	227
CHAPTER 03	바나바 : 화해에 탁월한 리더	243
CHAPTER 04	루디아 : 교회를 세우는 리더	257
CHAPTER 05	예수 그리스도 : 섬김의 리더	271

에필로그 286

추석

1

리더를 세우는 목적과 원칙

11. 그가 어떤 사람은 사도로, 어떤 사람은 선지자로, 어떤 사람은 복음 전하는 자로, 어떤 사람은 목사와 교사로 삼으셨으니

12. 이는 성도를 온전하게 하여 봉사의 일을 하게 하며 그리스도의 몸을 세우려 하심이라

13. 우리가 다 하나님의 아들을 믿는 것과 아는 일에 하나가 되어 온전한 사람을 이루어 그리스도의 장성한 분량이 충만한 데까지 이르리니

14. 이는 우리가 이제부터 어린 아이가 되지 아니하여 사람의 속임수와 간사한 유혹에 빠져 온갖 교훈의 풍조에 밀려 요동하지 않게 하려 함이라.

에베소서4:11-14

CHAPTER 01

리더를
세우는 목적

따뜻한 남쪽 나라에서 추운 겨울을 보내기 위해 하늘을 날아가는 기러기들은 '브이(V)' 자로 줄을 지어서 하늘을 날아간다. 과학자들은 기러기들이 '브이(V)' 자로 하늘을 날아가는 이유를 연구한 끝에 그 이유를 밝혀냈다. 기러기 떼가 '브이(V)' 자 형으로 날게 되면 혼자서 날아가는 것보다 71%를 더 멀리 날 수가 있다고 한다. 결국, 기러기들은 더 멀리 날기 위해서 떼를 지어 날아가는 것이다.

기러기떼가 '브이(V)' 자 형으로 날아갈 때 가장 선두에 있는 기러기가 바로 리더이다. 이 리더가 전체 기러기떼를 이끌게 되는 것이다. 그러므로 선두에 선 기러기의 역할이 매우 중요하다. 리더는 건강하고 노련한 기러기라야 그 역할을 잘 수행할 수가 있다. 하지만, 리더일지라도 선두에서 계속 하늘을 난다는 것은 무척 힘든 일이다. 따라서 기러기들은 선두에 있는 리더가 힘을 낼 수 있도록 "끼르륵~~" 소리를 내면서 응원해 준다. 그리고 선두에 있는 리더를 계속 교대하면서 먼 여행을 이어간다. 선두에 있는 리더가 지치면 그는 뒤쪽으로 물러나고, 다른 기러기가 선두에 서서 기러기떼를 이끌게 되는 것이다. 이것이 바로 "기러기 리더십"이다. 기러기들은 이런 "기러기 리더십"을 이용하여 그들의 목적지로 날아가는 것이다.

교회가 효과적으로 움직여지고 활동하기 위해서는 "리더를 세우는 일"이 매우 중요하다. 교회 안에 좋은 리더들이 세워질 때 교회 사역도 풍성해지고 교회도 든든하게 세워질 수가 있기 때문이다.

본문 말씀에서 사도 바울은 하나님께서 각자의 은사에 따라서 어떤 사람은 사도로, 어떤 사람은 선지자로, 어떤 사람은 복음전하는 자로, 또 어떤 사람은 목사와 교사로 세웠다고 말한다. 여기서 사도, 선지자, 복음전하는 자, 목사와 교사는 모두가 교회의 리더들이다. 그렇다면 하나님께서 교회에 이런 리더들을 세우는 목적이 무엇일까?

1. 성도를 온전하게 세우기 위해서

바울은 리더를 세우는 첫 번째 목적이 "성도를 온전하게 세우기 위해서"라고 설명한다.

> 에베소서 4:12 "이는 성도를 온전하게 하여 봉사의 일을 하게 하며 그리스도의 몸을 세우려 하심이라".

에베소서 4장 12절 말씀은 교회를 세우는 중요한 원리를 가르쳐 주고 있다. 교회가 최우선적으로 해야 할 일은 "성도를 세우는 일"이다. 그러므로 교회는 성도를 철저하게 훈련해야 한다. 그 다음에 교회가 해야 할 일은 훈련받은 성도에게 "봉사의 일(사역)"을 맡기는 것이다. 한국교회 안에서 종종 발생하는 문제들의 대부분은 훈련되지 않은 성도에게 사역을 맡기기 때문에 발생한다. 그러므로 교회를 든든하게 세우기 위해서는 성도를 세우는 "순서"를 지켜야 한다. 봉사의 일(사역)을 맡기는 것 보다 교회가 우선시해야 하는 것은 "성도를 훈련하여 세우는 것"이다. 교회가 훈련된 성도에게 사역을 맡기게 될 때 교회는 든든하게 세워질 것이다.

교회가 성도를 훈련하여 세울 때에는 "온전하게 양육하는 것"에 목표를 두어야 한다. 성도가 온전해 질 때 맡겨진 사명을 감당할 수가 있기 때문이다. 그렇다면 온전해진다는 것은 과연 무슨 의미일까? 바울은 온전해진다는 말의 의미를 13절에서 다음과 같이 설명한다.

> 에베소서 4:13 "우리가 다 하나님의 아들을 믿는 것과 아는 일에 하나가 되어 온전한 사람을 이루어 그리스도의 장성한 분량이 충만한 데까지 이르리니".

첫째로, 온전해진다는 것은 "믿는 것과 아는 일에 하나가 되는 것", 즉 일치를 말한다. 그러므로 온전한 성도는 믿는 것과 아는 일에 일치가 되어야 한다. 신학대학교 교수들은 성경을 많이 읽고 연구하기 때문에 성경을 많이 안다. 그러나, 신학대학교 교수라고 해서 다 믿음이 좋은 것은 아니다. 열심히 교회를 다니는 성도들 중에는 믿음이 좋은 성도들이 있다. 그러나 믿음이 좋다고 해서 다 성경을 많이 아는 것은 아니다. 성도들 중에는 믿음이 좋은 사람도 있고 성경을 많이 아는 사람도 있다. 하지만, 믿음도 좋고 성경도 많이 아는 사람은 그리 많지가 않다. 그런데, 온전해 지기 위해서는 믿는 것과 아는 것이 모두 중요하다. 그러므로 믿는 것과 아는 일이 일치되도록 노력해야 한다. 그래야 온전한 사람으로 성장할 수가 있다.

둘째로, 온전해진다는 것은 "그리스도의 장성한 분량으로 성장하는 것"을 말한다. 다시 말해서 "예수님의 수준으로 성장하는 것"을 말한다. 우리가 예수님의 수준으로 성장한다는 것이 어디 쉬운 일이겠는가? 하지만, 우리가 믿는 것과 아는 일이 일치되도록 노력한다면 우리는 분명 그리스도의 장성한 분량으로 성장하게 될 것이다.

셋째로, 온전해진다는 것은 "요동하지 않게 되는 것"을 말한다.

> 에베소서 4:14 "이는 우리가 이제부터 어린아이가 되지 아니하여 사람의 속임수와 간사한 유혹에 빠져 온갖 교훈의 풍조에 밀려 요동하지 않게하려 함이라".

어린 아이는 쉽게 속임수에 넘어가거나 간사한 유혹에 빠지게 된다. 그러나, 어린 아이가 성장해서 어른이 되면 쉽게 속임수에 넘어가거나 간사한 유혹에 빠지지 않는다. 그러므로 온전한 사람으로 성장해야 요동하지 않는 믿음의 사람이 될 수 있다.

목회를 할 때 만난 성도 중에 자기 마음대로 교회를 움직이려는 성도가 있었다. 그 성도는 자기 맘대로 교회를 움직이지 못하면 그때부터 교회를 나오지 않았다. 그래서 그 성도의 가정을 심방하면 얼마 후에 다시 교회를 출석했다. 하지만, 이런 일이 계속 반복되다보니 이 성도의 신앙이 성장하지를 못했다. 그래서 안타까울 때가 참 많았다.

넷째로, 온전해진다는 것은 "어린 아이의 신앙에서 성인의 신앙으로 성장하는 것"을 말한다. 어린 아이의 신앙에서 성인의 신앙으로 성장하면 쉽게 요동하지 않게 된다. 믿음이 좋은 사람은 사람들의 말에 쉽게 흔들리지 않는다. 그러나 믿음이 연약한 사람은 사람들의 말에 쉽게 흔들린다. 온전해진다는 것은 믿는 것과 아는 것에 하나가 되는 것이다. 또한 그리스도의 장성한 분량으로 성장하는 것이다. 그리고, 요동하지 않는 것이다. 그러므로 교회는 성도를 훈련하여 온전하게 세워가야 한다. 이것이 바로 교회가 리더를 세우는 목적이다.

2. 봉사의 일을 시키기 위해서

바울은 리더를 세우는 두 번째 목적이 "봉사의 일을 시키기 위해서"라고 설명한다.

에베소서 4:12 "이는 성도를 온전하게 하여 봉사의 일을 하게 하며 그리스도의 몸을 세우려 하심이라".

리더가 하는 역할 중에 "봉사의 일을 시키는 것"이 있다. 우리 교회에는 아직 교회를 관리하는 사찰이 없다. 그러다보니 교회 전등을 교체하거나 난방용 연료를 구입하거나 자동차를 관리하는 일을 내가 담당할 때가 종종 있다. 따라서 나는 담임 목사이기도 하지만 때로는 교회의 사찰처럼 일할 때도 있다. 나는 내가 할 수 있는 일은 가능하면 내가 하려고 애쓰는 사람이다. 때로는 시킬 사람이 없어서 내가 할 때도 있지만, 가만히 보면 나는 작은 일조차도 남에게 맡기지 않고 내가 하려는 성향이 있다.

좋은 리더는 일을 잘 시킬 줄 알아야 한다. 이런 점에서 나는 아직까지 부족한 점이 많다. 좋은 리더는 자기 혼자서 일을 하지 않고 일을 잘 분담해서 팀원들이 효과적으로 일하도록 시킨다. 리더는 꼭 해야 할 일만 자기가 하고, 다른 일은 팀원들에게 맡겨야 한다. 그렇게 할 때 리더의 사명을 감당할 수가 있다.

선교회장을 잘 하려면 일을 잘 시켜야 한다. 선교회장이 일을 시키지 않고 혼자서 일한다면 금방 지쳐버릴 것이다. 선교회장이 선교회원들에게 일을 분담한 후에 일을 시킨다면 훨씬 효과적으로 일을 할 수가 있을 것이다. 그러므로 선교회장은 일을 잘 분담해서 일을 시킬 줄 알아야 한다.

좋은 리더는 기분 좋게 일하도록 분위기를 만들 줄 알아야 한다. 교회가 하는 대부분의 일들은 자원봉사로 이루어진다. 사회는 돈을 주고 일을 시키기 때문에 갑과 을의 관계가 분명하지만, 교회는 모든 일을 봉사로 하기 때문에 갑과 을의 관계가 형성되지 않는다. 그러다보니 리더가 일을 하기 어려울 때가 많다. 리더라고 해서 권위적인 자세로 일을 시키면 회원들이 싫어한다. 그렇다고 해서 혼자서 일을 하기에는 일이 벅찰 때가 많다. 그러므로 리더는 기분 좋게 일할 수 있도록 분위기를 만들 줄 알아야 한다.

모세는 이스라엘 민족을 이끌고 출애굽을 한 후에 광야에서 40년 동안 유랑생활을 했다. 어느날 모세의 장인 이드로가 모세를 찾아왔는데, 모세가 아침부터 저녁까지 백성들을 재판하는 일만 계속하고 있었다. 그러다보니 모세도 지치고, 또 모세를 기다리는 백성들도 지치게 되었다. 이것을 지켜보던 이드로는 모세에게 리더를 세울 것을 제안했다.

이드로는 이스라엘 백성 중에서 천부장, 백부장, 오십부장, 십부장의 사명을 감당할 재목을 뽑아서 리더로 세우라고 제안했다. 그리고 중요한 결정은 모세가 담당하고, 그 외의 일은 리더들에게 맡기라고 했다. 모세가 장인의 제안을 받아들여 자기의 일을 분담해서 리더들에게 나누어 주었을 때 모세와 백성들 모두가 훨씬 효과적으로 사역하게 되었다.

> 출애굽기 18:25-26 "모세가 이스라엘 무리 중에서 능력 있는 사람들을 택하여 그들을 백성의 우두머리 곧 천부장과 백부장과 오십부장과 십부장을 삼으매 그들이 때를 따라 백성을 재판하되 어려운 일은 모세에게 가져오고 모든 작은 일은 스스로 재판하더라".

그러므로 리더는 훈련된 성도에게 봉사의 일(사역)을 맡겨야 한다. 리더가 사역을 분담하여 봉사의 일을 시키게 될 때 사역이 활성화될 수 있고, 사역을 맡은 이들의 믿음도 성장하게 될 것이다. 이것이 바로 교회가 리더를 세우는 목적이다.

3. 교회를 든든히 세우기 위해서

바울은 리더를 세우는 세 번째 목적이 그리스도의 몸, 다시 말해서 "교회를 든든히 세우기 위해서"라고 설명한다.

> 에베소서 4:12 "이는 성도를 온전하게 하여 봉사의 일을 하게 하며 그리스도의 몸을 세우려 하심이라".

교회가 먼저는 "성도를 훈련하여 온전하게 세우는 일"에 최선을 다해야 하고, 그 다음에는 훈련된 성도에게 "봉사의 일(사역)"을 맡기는 일에 최선을 다해야 한다. 그렇게 할 때 교회가 든든하게 세워질 것이다. 그러므로 교회를 든든히 세우기 위해서는 이 순서를 철저히 지켜야 한다.

우리교회는 개척 초기부터 세 분의 장로님이 계셨다. 나는 개척교회인 우리교회에 세 분의 장로님이 계셔서 너무 든든하고 힘이 되었다. 그런데 개척된 지 3년 째 되던 해에 우리교회는 두 분의 장로님을 더 세우게 되었다. 세 분의 장로님이 계실 때에도 든든하고 힘이 되었는데, 두 분의 장로님이 더 세워지니까 훨씬 더 든든하고 힘이 되었다. 다섯 분의 장로님께서 열심히 사명을 감당해 주시고 열심히 봉사의 일을 감당해 주실 때 우리교회가 더욱 든든히 세워지게 되었다. 우리교회가 개척된 지 4년 만에 성전을 건축할 수 있었던 것도 우리교회에 다섯 분의 장로님이 계셨기 때문에 가능했다. 다섯 분의 장로님께서 성전 건축에 앞장서서 섬김과 헌신의 본을 보여주신 결과 성전 건축이 순조롭게 진행될 수 있었다.

리더 한 명은 수 십 명, 혹은 수 백 명의 팀원을 이끌 수 있는 능력을 가지고 있다. 그러므로 리더가 많아질수록 교회는 더 든든하게 세워질 수가 있다. 감리교회 장로의 직분은 입교인(18세 이상의 세례교인) 30명을 대표한다. 입교인이 30명이면 전체교인은 50-60명이 될 것이다. 따라서 장로는 교인 50-60명 분량을 감당하는 중요한 직분자다. 감리교회 권사의 직분은 입교인 15명을 대표한다. 입교인이 15명이면 전체교인은 30-40명이 될 것이다. 따라서 권사는 교인 30-40명 분량을 감당하는 중요한 직분자다. 감리교회 집사의 직분은 입교인 5명을 대표한다. 입교인이 5명이면 전체교인은 10-15명이 될 것이다. 그러므로 집사는 교인 10-15명 분량을 감당하는 중요한 직분자다.

교회의 장로와 권사와 집사가 그 직분의 소중함을 알고 잘 감당할 때 교회는 든든하게 세워질 것이다. 이것이 바로 교회가 리더를 세우는 목적이다.

교회가 리더를 세우는 목적이 중요하다.

교회가 리더를 세우는 목적은 성도를 온전하게 세우기 위해서, 봉사의 일을 시키기 위해서, 그리고 교회를 든든하게 세우기 위해서이다. 그러므로 교회는 이런 비전을 품고 먼저는 성도를 훈련하는 일에 최선을 다해야 한다. 그리고, 훈련된 성도에게 봉사의 일(사역)을 맡기는 원칙을 잘 지켜야 한다. 이렇게 할 때 교회는 든든하게 세워져서 하나님의 사명을 감당하게 될 것이다.

적용과 나눔

1. 내가 가장 존경하는 리더를 3명씩 찾아보고 나누어보자.

2. 우리교회는 지금 어떤 교육과 방법으로 교회의 리더들을 세우고 있나?

3. 리더를 세우는 목적은 성도를 온전하게 세우고, 봉사의 일을 시키고, 교회를 든든히 세우기 위함이다. 그렇다면 나는 이런 리더의 사명을 잘 감당하고 있나? 혹은 이런 리더의 가르침을 잘 따르고 있나?

4. 우리교회가 좋은 리더를 세우는 교회가 될 수 있도록, 그리고 내가 좋은 리더로 성장할 수 있도록 기도하자.

41. 열 제자가 듣고 야고보와 요한에 대하여 화를 내거늘

42. 예수께서 불러다가 이르시되 이방인의 집권자들이 그들을 임의로 주관하고 그 고관들이 그들에게 권세를 부리는 줄을 너희가 알거니와

43. 너희 중에는 그렇지 않을지니 너희 중에 누구든지 크고자 하는 자는 너희를 섬기는 자가 되고

44. 너희 중에 누구든지 으뜸이 되고자 하는 자는 모든 사람의 종이 되어야 하리라

45. 인자가 온 것은 섬김을 받으려 함이 아니라 도리어 섬기려 하고 자기 목숨을 많은 사람의 대속물로 주려 함이니라.

마가복음10:41-45

CHAPTER 02

리더를
세우는 원칙

　　　　　　　　우리나라는 2002년 월드컵 축구에서 세계 강국을 차례로 무너뜨리면서 세계 4강의 신화를 이루었다. 당시 우리나라가 4강에 올라갈 수 있었던 것은 히딩크 감독 때문이었다. 히딩크 감독은 우리나라 축구 감독을 맡은 후에 인맥과 학연관계를 파괴하고 실력위주로 선수를 선발했다. 그리고 체력과 스피드 등 철저한 기본기를 중시했고, 과학적으로 훈련을 시켰다. 또한 강팀과의 과감한 경쟁 등 지금까지의 축구 감독들과는 다른 리더십을 보여주었다. 그 결과 우리나라가 월드컵 대회에서 세계 4강에 올라가는 기적을 이루었다.

　당시 많은 사람들이 "히딩크 리더십"이 한국 축구를 세계 4강에 올려놓았다고 칭찬했다. 이와같이 어떤 리더가 팀을 맡느냐에 따라서 그 팀의 성패(成敗)가 결정되는 것이다. 따라서 리더를 잘 세우는 것이 매우 중요하다. 그렇다면 어떤 원칙으로 리더를 세워야 할까? 여기서는 교회의 리더를 세우는 원칙에 대해서 나눌 것이다.

1. 섬김의 리더십을 가진 리더

교회는 "섬김의 리더십을 가진 리더"를 세워야 한다. 그래야 교회가 든든하게 세워질 수가 있다. 본문은 예수님의 제자들이 서로가 높은 자리를 차지하기 위해 다투는 장면이다. 제자들은 높은 자리에 올라가서 힘과 권력으로 다른 사람들을 다스리고 싶어 했다. 그래서 서로가 더 높은 자리를 탐한 것이다. 예수님은 이런 제자들에게 다음과 같이 말씀하셨다.

> 마가복음10:42-43 "예수께서 불러다가 이르시되 이방인의 집권자들이 그들을 임의로 주관하고 그 고관들이 그들에게 권세를 부리는 줄을 너희가 알거니와 너희 중에는 그렇지 않을지니 너희 중에 누구든지 크고자 하는 자는 너희를 섬기는 자가 되고".

예수님은 더 높은 자리를 탐하는 제자들에게 "섬기는 자"가 되라고 말씀하셨다. 예수님은 높은 자리에서 다스리는 리더가 아니라 겸손히 "섬기는 리더"가 될 것을 가르쳐 주셨다. "섬김의 리더십"이란 섬김을 통해 사람들의 마음을 움직이는 것이다. 사람들은 어떤 리더를 좋아할까? 고래고래 소리를 지르고, 일만 시키는 권위적인 사람을 좋아할까? 아니면 조용히 말하고, 솔선수범하고, 겸손한 모습으로 섬기는 사람을 좋아할까? 당연히 사람들을 겸손하게 섬기는 리더를 좋아할 것이다.

예수님은 45절 말씀에서 "인자가 온 것은 섬김을 받으려 함이 아니라 섬기러 왔다"고 강조하셨다. 예수님께서 이 세상에 오신 목적은 섬김을 받기 위해서가 아니라 섬기기 위해서다. 실제로 예수님은 십자가에 달려 죽기까지 철저하게 섬겨주셨다. 이것이 바로 예수님이 보여주신 "섬김의 리더십"이다. 예수님이 힘이 없어서 십자가에서 죽은 것이 아니다. 예수님이 능력이 없어서 십자가에서 죽은 것도 아니다. 예수님은 세상을 구원하기 위해서 죽기까지 섬겨주신 것이다. 이런 예수님의 리더십에 수많은 사람들이 감동하는 것이다. 그러므로 이런 예수님의 "섬김 리더십"을 배워야 한다.

멋진 폭포일수록 낙차가 크다고 한다. 다시 말하면 물이 떨어지는 꼭대기부터 바닥까지의 거리가 길면 길수록 그 폭포는 멋진 폭포가 되는 것이다. 나이아가라 폭포가 멋진 이유도 그 낙차가 크기 때문이다. 섬김의 리더십도 마찬가지로 낙차가 클수록 멋진 섬김이 된다. 종이 섬길 때는 별로 감동이 없지만, 주인이 섬기면 감동이 커지는 것도 바로 이런 이유 때문이다.

얼마 전 인천 연수구에 있는 한 어린이집 선생님이 4살짜리 어린이를 폭행하는 사건이 발생했다. 선생님은 4살짜리 아이가 반찬을 남긴 것을 억지로 먹게 하고, 그것을 뱉어내는 아이를 폭행했다. 만일 선생님이 섬기는 리더였더라면 절대로 이렇게 하지 않았을 것이다. 섬기는 리더는 권위적인 모습으로 강요하거나 협박하지 않고 겸손한 모습으로 도와주고 섬기려고 노력하는 사람이기 때문이다.

하나님을 믿는 믿음의 사람들은 "섬기는 리더"가 되어야 한다. 그리고 섬김을 받는 것보다 섬기는 것을 기뻐하는 리더가 되어야 한다. 이런 섬김의 리더가 세워질 때 사람들이 그를 따르게 될 것이다.

2. 선한 영향력을 행하는 리더

교회는 "선한 영향력을 행하는 리더"를 세워야 한다. 그래야 교회가 든든하게 세워질 수가 있다. 리더십의 대가인 존 맥스웰(John C. Maxwell) 박사는 리더십의 정의를 "영향력"(Influence) 이라고 말했다. 리더는 주변 사람들에게 좋은 영향력을 줄 때 좋은 리더가 될 수 있다. 리더임에도 불구하고 주변에 따르는 사람이 없다면 그 사람은 좋은 리더가 될 수 없다.

  소크라테스, 아리스토텔레스, 플라톤은 최고의 철학자들이다. 이들은 130년간에 걸쳐 철학을 가르쳤다. 하지만 3년이란 짧은 기간 동안 가르친 예수님의 가르침이 훨씬 더 많은 사람들에게 영향을 주었다. 예수님은 노래 한 편도 작사하거나 작곡하지 않았다. 하지만 세계 최고의 노래는 모두가 예수님을 말한다. 예수님은 한 편의 시도 쓰지 않았다. 그러나 세계 최고의 시는 대부분 예수님을 말한다. 예수님은 한 폭의 그림도 그리지 않았다. 그러나 세계 최고의 그림은 모두가 예수님을 그리고 있다. 예수님은 한 권의 책도 쓰지 않았다. 그러나 이 세상에 수많은 책들은 예수님에 대해서 기록하고 있다. 그러므로 예수님은 지금까지 이 세상에 존재했던 인물 가운데 최고의 영향력을 행사한 리더임에 틀림이 없다.

  최초의 인간인 아담은 "나쁜 영향력"을 행한 리더이다. 아담은 하나님의 명령을 어기고 에덴동산 중앙에 있던 선악과를 따먹었다. 아담이 선악과를 따먹은 사건을 우리는 '원죄'(Original Sin)라고 부른다. "죄"(Sin)가 무엇인가? 죄란 하나님의 명령에 불순종하는 것이다. 죄란 자기 맘대로 하려는 것이다. 아담의 후손인 우리들은 태어날 때부터 이러한 "원죄"

를 가지고 태어났다. 따라서 자꾸만 내 맘대로 하고 싶은 유혹을 받게 된다. 인간이 왜 이렇게 되었는가? 우리의 조상 아담이 우리에게 "악한 영향력"을 행사했기 때문이다. 그리하여 아담의 영향으로 모든 인간은 죄를 짓게 되었고, 그 죄로 인하여 죽을 수밖에 없는 존재가 된 것이다.

사도 바울은 아담의 죄를 다음과 같이 설명한다.

로마서 5:12 "그러므로 한 사람으로 말미암아 죄가 세상에 들어오고 죄로 말미암아 사망이 들어왔나니 이와 같이 모든 사람이 죄를 지었으므로 사망이 모든 사람에게 이르렀느니라".

바울은 아담 한 사람 때문에 죄가 세상에 들어오고 죄 때문에 모든 사람이 죽게 되었다고 말한다. 결국, 아담은 모든 사람에게 나쁜 영향을 준 것이다. 따라서 아담은 "좋은 리더"가 아니라 "나쁜 리더"인 것이다.

예수님은 이 세상에서 가장 "선한 영향력"을 행사한 리더이다. 예수님은 이 세상을 구원하고 사람을 구원하기 위해서 이 땅에 오셨다. 예수님은 이 세상을 구원하기 위해서 자기 몸을 희생하셨다. 예수님은 모든 사람의 죄를 대신하여 십자가에 못 박혀 돌아가셨다. 예수님의 죽음으로 말미암아 죽을 수

밖에 없던 사람들이 구원을 받게 되었다. 결국 예수님의 죽음은 모든 사람을 살리는 선한 영향력을 발휘한 것이다. 아담의 죄로 말미암아 죽을 수밖에 없던 사람들이 예수님의 희생으로 말미암아 살게 된 것이다.

예수님의 제자 마가는 "예수님의 섬김"을 다음과 같이 표현했다.

> 마가복음 10:45 "인자가 온 것은 섬김을 받으려 함이 아니라 도리어 섬기려 하고 자기 목숨을 많은 사람의 대속물로 주려 함이니라".

예수님의 제자 마가는 예수님께서 자기의 목숨을 대속물로 주기까지 철저하게 섬겼다고 했다.

사도 바울은 로마서에서 예수님의 사역을 다음과 같이 설명했다.

> 로마서 5:19 "한 사람이 순종하지 아니함으로 많은 사람이 죄인 된 것 같이 한 사람이 순종하심으로 많은 사람이 의인이 되리라".

바울은 아담 한 사람이 지은 죄 때문에 많은 사람이 죄인이 된 것 같이 예수님 한 사람의 희생 때문에 많은 사람이 의인이 되었다고 말한다. 결국, 예수님은 모든 사람에게 "선한 영향력"을 행사함으로 최고의 리더가 되셨다.

히틀러는 어린 시절에 받은 상처 때문에 일평생 두 가지를 싫어했다고 한다. 하나는 유태인이고, 다른 하나는 여자이다. 이런 히틀러의 상처가 결국 600만 명의 유태인을 학살하는 결과를 초래했다. 히틀러가 받은 상처가 그를 악한 영향력을 행하는 사람이 되게 만든 것이다. 그러므로 어떤 환경에서 성장하고, 누구에게 영향을 받느냐가 참으로 중요하다. 우리는 예수님에게 선한 영향을 받는 사람이 되어야 한다. 선한 영향력이 있는 리더가 세워질 때 사람들이 그를 따르게 될 것이다.

3. 재생산에 비전을 두는 리더

교회는 "재생산에 비전을 두는 리더"를 세워야 한다. 그래야 교회의 미래가 밝아질 수가 있다. 예수님은 "재생산에 비전을 두는 리더"이다. 예수님은 수많은 사람들에게 복음을 전했다. 그리고 수많은 병자들을 치유했다. 그러면서 동시에 예수님은 12명의 제자를 가르치고 훈련했다.

본문은 예수님께서 제자들을 가르치는 말씀 가운데 하나이다. 예수님은 높아지고 싶어 하는 제자들에게 "누구든지 으뜸이 되고자 하는 자는 모든 사람의 종이 되어야 한다"고 가르쳤다.

마가복음 10:44 "너희 중에 누구든지 으뜸이 되고자 하는 자는 모든 사람의 종이 되어야 하리라".

예수님은 높아지고 싶으면 종처럼 섬기라고 가르쳤다. 예수님께서 이렇게 제자들을 가르치고 훈련하신 이유는 예수님께서 "재생산에 비전을 두는 리더"였기 때문이다. 만일 예수님께서 제자들을 훈련하지 않았더라면 어떻게 되었을까? 예수님의 사역으로 모든 것이 끝나고 말았을 것이다. 예수님께서 십자가에 달려 돌아가시고 승천하셨지만 예수님의 사역이 끝나지 않고 계속될 수 있었던 것은 예수님께서 자기를 닮은 12명의 제자들을 훈련하여 세웠기 때문이다. 이것이 바로 "재생산의 힘"이다.

우리가 좋은 리더가 되는 것도 중요하지만 우리의 후손들을 잘 훈련하여 그들이 좋은 리더가 되도록 이끌어주는 것은 더욱 중요한 일이다. 그래야 그들도 좋은 리더가 되어 그들의 후손들을 잘 이끌어줄 수가 있기 때문이다. 이것이 바로 "재생산의 힘"이다. 우리가 열심히 신앙생활하는 것도 중요하지만 우리의 후손들이 믿음을 잘 이어갈 수 있도록 훈련시키는 것은 더욱 중요한 일이다. 사무엘이 훌륭한 선지자였지만 그의 자녀들은 사무엘처럼 경건하지를 못했다. 따라서 사무엘의 아름다운 사역을 그의 자녀들이 계승하지 못함으로 재생산을 이루지 못한 것이다.

유태인의 탈무드에 "자녀에게 고기를 잡아주지 말고 고기를 잡는 법을 가르쳐주라"는 말이 있다. 자녀가 너무 사랑스러워서 부모가 항상 먹을 것을 챙겨준다면 그 자녀가 어떻게 되겠는가? 부모가 살아있는 동안에는 별 문제가 없겠지만 부모가 죽은 후에 그 자녀는 자기의 의식주 문제조차 해결하지 못할 가능성이 크다. 그러므로 부모는 자녀에게 고기를 잡는 방법을 가르쳐 주어야 한다. 자녀가 예쁘고 사랑스럽다고 해서 뭐든지 다 해주려고 한다면 부모가 자녀의 인생을 망칠 수가 있다. 부모는 자녀가 혼자 힘으로 살아갈 수 있도록 자녀를 강하게 키워야 한다. 그래야 그들이 재생산을 이룰 수가 있다.

어미 독수리가 새끼 독수리를 훈련할 때 어미 독수리는 새끼 독수리를 높은 절벽 꼭대기로 데려가서 절벽 아래로 집어던진다. 절벽 아래로 떨어지는 새끼 독수리는 살기 위해서 몸부림을 치다가 그대로 추락하게 된다. 어미 독수리는 상황을 지켜보다가 새끼 독수리가 땅바닥에 거의 떨어질 즈음에 발톱으로 새끼 독수리를 낚아채어 살려준다. 그리고 또 다시 새끼 독수리를 절벽 꼭대기로 데려가서 절벽 아래로 집어던진다. 이렇게 반복되는 혹독한 훈련으로 새끼 독수리는 비로소 하늘을 나는 방법을 터득하게 되고 하늘의 제왕 독수리로 성장하게 되는 것이다. 어미 독수리는 철저한 훈련을 통해 새끼 독수리를 강하게 키워준다. 그렇게 해야만 새끼 독수리가 혼자서도 능히 살아갈 수가 있기 때문이다.

오늘날 영국에 있는 수많은 대형교회들이 술집으로 변하고 있다고 한다. 왜 이런 일이 일어나고 있는 것일까? 교회가 재생산에 비전을 두고 다음 세대를 키우지 않았기 때문이다. 만일 지금의 한국교회가 재생산에 비전을 두지 않는다면 한국교회도 머지않아 영국교회처럼 될 가능성이 크다. 그러므로 한국교회는 앞으로 재생산에 비전을 두고 다음 세대를 철저하게 양육해야만 한다. 그래야 한국 교회의 미래가 밝아질 수 있다.

리더를 세우는 일이 매우 중요하다.

 어떤 리더를 세우느냐에 따라서 교회의 흥망성쇠(興亡盛衰)가 달라지기 때문에 교회는 리더를 잘 세워야 한다. 특별히, 리더를 세울 때에는 "섬김의 리더십을 가진 리더", "선한 영향력을 행하는 리더", "재생산에 비전을 두는 리더"를 세워야 한다. 교회가 이런 리더를 훈련하여 세워나갈 때 교회는 건강하고 비전 있는 교회로 세워져서 하나님의 사명을 감당하게 될 것이다.

적용과 나눔

1. 리더를 생각할 때 가장 먼저 떠오르는 단어가 무엇인가?

2. 리더를 세우는 원칙은 섬김의 리더십을 가진 리더, 선한 영향력을 행하는 리더, 재생산에 비전을 두는 리더를 세우는 것이다. 이 세가지 원칙 중에서 우리 교회가 가장 관심을 기울이는 원칙이 무엇인가?

3. 내 인생에서 가장 영향을 준 리더가 누구인가?

4. 리더의 중요성을 깨닫고 앞으로 좋은 리더가 되기 위해서 기도하자.

2

구약의
리더와 리더십

아브라함

1.여호와께서 아브람에게 이르시되 너는 너의 고향과 친척과 아버지의 집을 떠나 내가 네게 보여 줄 땅으로 가라

2.내가 너로 큰 민족을 이루고 네게 복을 주어 네 이름을 창대하게 하리니 너는 복이 될지라

3.너를 축복하는 자에게는 내가 복을 내리고 너를 저주하는 자에게는 내가 저주하리니 땅의 모든 족속이 너로 말미암아 복을 얻을 것이라 하신지라

4.이에 아브람이 여호와의 말씀을 따라갔고 롯도 그와 함께 갔으며 아브람이 하란을 떠날 때에 칠십오 세였더라.

창세기 12:1-4

CHAPTER 01

아브라함
믿음의 리더

어느 부족의 추장이 후계자를 선발하겠다고 광고를 냈다. 그리하여 수많은 사람들이 추장 후계자가 되기 위해서 몰려왔다. 추장은 여러 가지 시험을 치룬 끝에 최종적으로 3명의 후보자를 선발했다. 추장은 이 3명의 후보자에게 마지막 테스트를 했다. 추장은 마을 앞에 있는 높은 산꼭대기에 올라가서 자신이 가장 소중하다고 생각하는 것을 가져오라는 과제를 내주었다. 첫 번째 사람은 아름다운 꽃을 꺾어다가 추장에게 바쳤다. 두 번째 사람은 멋있는 돌을 주워다가 추장에게 바쳤다. 그런데, 세 번째 사람은 아무것도 가져오지를 않았다. 그 대신 그는 산꼭대기에서 자기가 보고 온 것을 추장에게 보고했다. 그가 본 것은 산꼭대기에서 내려다 보이는 넓은 평원인데, 그곳에 농사를 지으면 우리 부족이 풍족히 먹고

살 수 있다는 것이었다. 결국, 추장은 이 세 번째 사람을 자기의 후계자로 삼았다. 왜냐하면 세 번째 사람이 비전의 사람이었기 때문이다.

리더는 비전(Vision)을 볼 수 있어야 한다. 그리고 그 비전을 실현시킬 수 있어야 한다. 그래야 좋은 리더가 될 수 있다. 그래서 리더를 "비전 메이커"(Vision maker) 라고 부른다. 하나님께서 대홍수 심판과 바벨탑 사건 이후에 새로운 리더를 부르셨는데, 그가 바로 아브라함이다. 하나님께서 아브라함을 부르신 이유는 그가 비전의 사람이기 때문이다. 하나님은 아브라함을 믿음의 조상과 이스라엘 민족의 조상이 되게 하셨다. 도대체 아브라함이 어떤 리더이기에 하나님께서 그를 선택하셔서 크게 사용하신 것일까?

1. 비전이 있는 리더

하나님께서 아브라함에게 "너의 고향과 친척과 아버지의 집을 떠나 내가 보여줄 땅으로 가라"(창12:1)고 말씀하셨을 때 하나님은 아브라함에게 분명한 비전을 주셨다.

> 창세기 12:2 "내가 너로 큰 민족을 이루고 네게 복을 주어 네 이름을 창대하게 하리니 너는 복이 될지라".

하나님이 아브라함에게 주신 비전은 "내가 너로 큰 민족을 이루겠다" "내가 네게 복을 주겠다" "네 이름을 창대케 하겠다"는 비전이었다. 이 얼마나 멋진 비전인가? 아브라함이 하나님으로부터 이런 비전을 들었을 때 그의 마음이 어떠했을까? 당시 아브라함의 나이가 75세인 점을 고려해 볼 때 아브라함은 그냥 자기 고향에 머물러 있고 싶은 마음이 더 컸을 것이다. 하지만 아브라함은 고향을 떠나기로 결단했다. 그리고 "하나님이 지시하는 새로운 땅으로 가기"로 결단했다. 이런 아브라함의 모습을 보면 그가 비전을 따라가는 "비전이 있는 리더"임을 알 수 있다. 아브라함이 비전이 있는 리더가 아니었다면 그는 결코 고향을 떠나지 못했을 것이다. 그러므로 리더는 비전을 따라가는 사람이다.

　미국의 GE라는 기업은 100년 전만 해도 전구를 만드는 회사였다. 그들의 비전은 "온 세상을 밝게 하자"였고, 이 비전이 GE라는 기업을 세계 최대의 전기회사로 만들어 주었다. 디즈니사의 비전은 "온 세상 사람들을 즐겁게 하자"였고, 이러한 비전이 모든 디즈니의 영화를 즐거운 내용으로 가득 차게 만들어 주었다. 마이크로소프트사를 만든 빌 게이츠는 "모든 사람이 개인적으로 컴퓨터를 갖게 한다"는 비전을 품었고, 이러한 비전은 세계 모든 사람이 컴퓨터를 소유하도록 만들어 주었다. 그러므로 비전을 품는 것이 중요하다. 비전을 품고 나아갈 때 그 비전대로 되기 때문이다.

리더가 되려면 비전을 품어야 한다. 리더가 되려면 비전을 따라가야 한다. 아브라함이 현재의 삶에 만족하지 않고 하나님이 주시는 새로운 비전을 따라갔듯이 우리도 하나님의 비전을 품고 앞으로 나아가야 한다. 그래야 비전을 이루는 좋은 리더가 될 수 있다.

2. 순종하는 리더

아브라함은 메소포타미아 지방의 "우르"라는 도시에서 데라의 아들로 태어났다. 하나님은 아브라함이 75세가 되었을 때 그에게 "고향과 친척과 아버지의 집을 떠나 내가 지시하는 땅으로 가라"고 말씀하셨다. 이때 아브라함이 어떤 반응을 보였나?

> 창세기 12:4 "이에 아브람이 여호와의 말씀을 따라갔고 롯도 그와 함께 갔으며 아브람이 하란을 떠날 때에 칠십 오세였더라".

하나님께서 아브라함에게 "너의 고향과 친척과 아버지의 집을 떠나 내가 지시하는 땅으로 가라(창12:1)"고 명하셨을 때 아브라함은 즉시 순종했다. 예나 지금이나 사람은 나이가 들수록 고향을 그리워하는 법이다. 그러므로 사람은 누구든지 나이가 들수록 고향을 떠나기가 힘들다. 객지(客地)에 살던 사람도 나이가 들면 고향을 찾아가는 것이 "인지상정"(人之常情)이다. 더군다나 하나님께서 고향을 떠나라고 명하셨을 때 아브라함은 나이가 75세였다. 그러므로 아브라함이 고향을 떠나라는 하나님의 명령에 순종한다는 것은 결코 쉽지 않았을 것이다. 그러나 아브라함은 자기의 생각대로 행동하지 않고, 하나님의 명령에 순종했다. 이런 점을 고려해 볼 때 아브라함은 "순종하는 리더"임을 알 수가 있다.

나의 장인은 36세에 큰 딸을 낳았다. 그리고, 39세에 둘째 딸인 나의 아내를 낳았다. 장인은 아들을 낳고 싶었지만 그게 어디 사람의 마음대로 되는 일인가? 그러다가 장인이 46세에 그토록 소원하던 아들을 낳았다. 그가 지금 원주 목양교회에서 목회하는 처남이다. 장인은 46세에 아들을 낳고서 너무 기분이 좋아서 덩실덩실 춤을 추었다고 한다. 46세에 첫 아들을 낳았으니 얼마나 기분이 좋았겠는가?

아브라함은 100세에 하나님께서 약속해 주셨던 자녀를 낳았다. 그것도 아주 잘 생긴 아들을 낳았다. 그러니 아브라함의 마음이 얼마나 기쁘고 좋았겠는가? 아브라함도 춤을 추면서 아주 기뻐했을 것이 분명하다. 아브라함은 이삭을 키우면서 매일 매일 행복한 시간을 보냈다. 그러던 어느날 하나님께서 아브라함에게 "이삭을 데리고 모리아 산에 가서 이삭을 제물로 드리라"고 말씀하셨다. 이게 도대체 무슨 청천벽력(靑天霹靂)같은 소리란 말인가? 이 말을 들었을 때 아브라함의 마음은 찢어질 듯 아프고 괴로웠을 것이다. 그런데, 이 순간에도 아브라함은 하나님의 말씀에 묵묵히 순종했다. 아브라함은 정말로 대단한 순종의 사람이다. 그렇기 때문에 아브라함이 좋은 리더가 될 수 있었던 것이다.

하나님께서 하시는 일을 우리는 다 이해할 수가 없다. 그러나 이해가 안 된다고 해서 내 마음대로 행동하는 것은 큰 잘못이다. 우리는 어떤 순간에도 하나님의 뜻에 순종해야 한다. 아브라함이 이해할 수가 없고 받아들이기 힘든 순간에도 하나님의 말씀에 철저히 순종했듯이 말이다. 우리가 하나님의 뜻에 순종할 때 하나님께서 우리에게 놀라운 복과 은혜를 주실 것이다.

3. 양보하는 리더

 아브라함과 그의 조카 롯은 하나님께서 주신 땅으로 이주하여 행복하게 살았다. 시간이 지나면서 두 사람의 재산도 점점 많아졌다. 그런데, 두 사람의 재산이 늘어나면서 아브라함의 종들과 롯의 종들이 재산 때문에 다투는 일이 빈번해 졌다. 그러다보니 아브람과 롯도 서로 마음이 상할 때가 많았다. 이런 상황에서 아브라함은 롯과 분가하기로 결단했다.

> 창세기 13:8-9 "서로 다투게 하지 말자. 네 앞에 온 땅이 있지 아니하냐 나를 떠나가라 네가 좌하면 나는 우하고 네가 우하면 나는 좌하리라".

 아브라함과 롯은 삼촌과 조카의 관계이다. 그러므로 분가를 함에 있어서 아브라함이 삼촌의 권위를 내세워 먼저 좋은 땅을 차지하는 일이 가능했을 것이다. 그러나, 아브라함은 삼촌의 권위를 내세워 자기의 이득을 취하지 않았다. 오히려 아브라함은 조카에게 먼저 좋은 땅을 선택할 수는 우선권을 주었다. 그러므로 아브라함은 "양보하는 리더"이다. 아브라함이 조카에게 좋은 땅을 양보할 수 있었던 것은 그가 믿음의 눈으로 세상을 바라보는 사람이었기 때문이다. 만약에 아브라함이 세상의 정욕에 치우쳐있는 사람이라면 그는 롯에게 좋은 땅을 양보하지 못했을 것이다.

　잘 아는 선배와 식사를 한 적이 있다. 원래 순서대로라면 이 선배가 지방 감리사를 할 차례이다. 그런데, 몇 년 전에 지방에 새로 부임한 선배가 감리사를 하겠다고 해서 이번에 감리사를 못하게 되었다고 했다. 전에는 나이가 많은 후배에게 감리사를 양보했는데, 이번에는 선배에게 또 양보를 한 것이다. 이 선배는 "선배니까 양보를 하긴 했지만, 선배가 아무 말씀도 하지 않아서 섭섭했다"는 말을 했다. 빈말이라도 "후배님, 내가 먼저 해서 미안해요"라든지 아니면 "후배님, 양보해줘서 고마워요"라는 말을 했더라면 덜 섭섭했을 것이라고 했다. 이와 같이 양보는 하기도 힘들고, 하고 나서도 개운하지가 않은 것 같다.

　교회를 개척할 때 개척할 장소와 건물을 물색하기 위해 이곳저곳을 많이 돌아다녔다. 그런데 교회를 개척하면 좋겠다고 생각하는 장소에는 어김없이 교회가 세워져 있었다. 또 어렵게 건물을 찾더라도 건물 주인이 교회가 들어오는 것을 허락하지를 않았다. 교회를 개척할 건물을 계속 찾아다니다가 비교적 괜찮은 상가건물을 찾게 되었다. 그런데, 이번에는 그 건물 주변에 있는 교회 목사님이 그곳에 교회를 개척하는 것을 반대했다. 나는 그때 그 목사님이 참으로 야속했다. 후배 목사가 교회를 개척한다는데 선배 목사가 도와주지는 못할망정 개척을 못하게 하니까 너무 화가 나고 속이 상했다. 다행히도 주위 사람들의 도움으로 가까스로 그 지역에서 교회를 개척할 수가 있었다. 당시에는 개척을 반대하던 선배 목사님의 행동이 이해가 안 되었는데, 지금 생각해 보면 그 선배 목사님의 행동이 어느 정도 이해가 된다. 자기 교회도 힘들고 어려운데 근처에 다른 교회가 들어오는 것을 허락해 줄 여유가 없었던 것이다. 그러므로 내가 힘들고 어려울수록 양보하고 배려하는 일이 더 어려운 것이다.

아브라함의 위대함은 그가 자기의 욕심을 내려놓고 양보를 실천했다는 것이다. 그러므로 리더는 양보하기 힘든 상황에서도 양보할 줄 알아야 한다. 그래야 좋은 리더가 될 수 있다.

아브라함은 어떤 리더였나?

아브라함은 비전이 있는 리더였다. 그렇기 때문에 그는 하나님이 지시하는 새로운 땅으로 갈 수가 있었다. 아브라함은 순종하는 리더였다. 그는 순종하기 어려운 명령에도 온전히 순종했다. 아브라함은 양보하는 리더였다. 그는 믿음의 눈으로 세상을 바라보았기 때문에 양보할 수가 있었던 것이다. 아브라함이 이런 리더였기 때문에 하나님께서 그를 믿음의 조상과 이스라엘 민족의 조상으로 크게 사용하신 것이다. 그러므로 우리가 이런 아브라함의 리더십을 배워서 우리도 하나님께 쓰임 받는 좋은 리더가 되자.

적용과 나눔

1. 아브라함을 생각할 때 가장 먼저 떠오르는 단어가 무엇인가?

2. 아브라함은 비전이 있는 리더, 순종하는 리더, 양보하는 리더였다. 이런 아브라함의 모습에서 내가 새롭게 깨달은 것이 무엇인가?

3. 아브라함은 하나님께 철저히 순종하는 리더였다. 내가 하나님께 순종하기가 가장 힘들었던 일이 과연 무엇인가?

4. 아브라함과 같은 리더가 되기 위해서 내가 더 노력해야 할 것이 무엇인가?

5. 아브라함과 같은 리더가 되기 위해서 기도하자.

요셉

38.바로가 그의 신하들에게 이르되 이와 같이 하나님의 영에 감동된 사람을 우리가 어찌 찾을 수 있으리요 하고

39.요셉에게 이르되 하나님이 이 모든 것을 네게 보이셨으니 너와 같이 명철하고 지혜 있는 자가 없도다

40.너는 내 집을 다스리라 내 백성이 다 네 명령에 복종하리니 내가 너보다 높은 것은 내 왕좌뿐이니라

41.바로가 또 요셉에게 이르되 내가 너를 애굽 온 땅의 총리가 되게 하노라 하고

42.자기의 인장 반지를 빼어 요셉의 손에 끼고 그에게 세마포 옷을 입히고 금 사슬을 목에 걸고

43.자기에게 있는 버금 수레에 그를 태우매 무리가 그의 앞에서 소리 지르기를 엎드리라 하더라 바로가 그에게 애굽 전국을 총리로 다스리게 하였더라.

창세기 41:38-43

CHAPTER 02

요셉
꿈꾸는 리더

대의그룹 채의숭 회장은 대천농고 2학년 때 세 가지 꿈을 꾸었다. 첫째는 박사학위를 가진 교수가 되는 것이고, 둘째는 큰 회사의 사장이 되는 것이고, 셋째는 교회 100개를 건축하는 것이었다. 대천농고 2학년에 재학 중인 학생에게 이 세 가지 꿈은 모두가 허황된 꿈처럼 보였을 것이다. 하지만, 채의숭 회장은 이 세 가지의 꿈을 꾸기 시작한 날부터 단 하루도 이 꿈을 잊지 않고 기도했다. 그리고 이 세 가지의 꿈을 이루기 위해 열정을 불태웠다. 그 결과 그의 꿈이 하나씩 이루어지기 시작했다.

그는 1981년 (주)대우 아프리카 사장이 되었다. 그의 첫 번째 꿈이 25년 만에 이루어진 것입니다. 그는 1984년 건국대학교에서 경제학 박사학위를 받고 교수가 되었다. 그의 두 번째 꿈이 28년 만에 성취된 것이다. 그의 세 번째 꿈인 100개의 교회를 세우는 꿈은 현재 진행 중에 있다. 2014년 10월까지 그는 99번째 교회를 세웠다. 그의 세 번째 꿈은 그가 꿈을 꾼 지 58년 만에 99%가 성취되었다. 그러므로 꿈을 꾸는 것이 매우 중요하다.

요셉은 꿈을 꾸는 사람이었다. 요셉은 애굽에 종으로 팔려 갔지만 그럼에도 불구하고 꿈을 꾸는 일을 포기하지 않았다. 그리고, 요셉은 나중에 애굽의 총리가 되어 애굽 땅을 다스리게 되었다. 도대체 요셉이 어떤 리더이기에 하나님께서 요셉을 선택하여 애굽의 총리로 사용하신 것일까?

1. 꿈을 꾸는 리더

요셉의 형들은 요셉을 "꿈꾸는 자"라고 불렀다. 그러므로 "꿈꾸는 자"는 요셉의 별명과도 같았다.

> 창세기 37:18-19 "요셉이 그들에게 가까이 오기 전에 그들이 요셉을 멀리서 보고 죽이기를 꾀하여 서로 이르되 꿈꾸는 자가 오는도다".

형들이 붙여준 "꿈꾸는 자"라는 이 별명은 좋은 의도에서 붙여진 별명은 아닐 것이다. 그러나 실제로 요셉은 그의 별명처럼 "꿈꾸는 자"가 되었다. 그리고 그의 꿈을 이루게 되었다. 요셉이 어렸을 때 이상한 꿈을 꾸었다. 하늘의 해와 달과 열 한 개의 별들이 자기를 향하여 절을 하는 꿈이었다. 또 요셉은 형들의 볏단들이 자기의 볏단을 향해 절하는 꿈을 꾸었다. 하나님은 요셉에게 꿈을 통해 장차 행하실 일들을 보여주신 것이다.

리더는 "꿈을 꾸는 사람"이다. 꿈을 꾸게 되면 놀랍게도 그 꿈이 이루어지게 된다. 라이트 형제가 하늘을 나는 꿈을 꾸었기 때문에 그들이 비행기를 개발할 수가 있었다. 헨리 포드가 자동차를 꿈꾸었기 때문에 그가 자동차를 발명할 수가 있었다. 에디슨이 어둠을 밝히는 도구를 꿈꾸었기 때문에 그가 전구를 발명할 수가 있었다. 이처럼 꿈을 꿀 때 그 꿈이 이루어지는 것이다.

조용기 목사님은 꿈을 "4차원의 영성"에 해당되는 특별한 것으로 소개하면서 꿈은 우리가 살고 있는 3차원의 세계를 변화시킬 수 있는 "강력한 힘"이 있다고 강조했다.

요셉이 어린 시절에 꾼 꿈은 장차 그가 높은 자리에 올라가는 꿈이었다(창37:9). 요셉은 이 꿈을 꾸면서 장차 자기가 높은 자리에 올라갈 것을 기대했다. 요셉이 형들에게 미움을 받아 애굽에 종으로 팔려갔을 때에도 요셉은 어린 시절에 꾸었던 꿈을 기억했다. "지금은 비록 힘들고 어렵지만 하나님께서 나를 반드시 높여주시고, 반드시 회복시켜주실 것"을 꿈꾸고 기대하면서 요셉은 어려움을 참고 인내했다. 그리고, 나중에 요셉은 자기가 종으로 팔려갔던 애굽의 총리가 되었다. 어떻게 이렇게 놀라운 기적이 일어날 수 있었을까? 요셉이 "꿈을 꾸는 리더"였기 때문이다. 그러므로 "꿈을 꾸는 리더"가 되어야 한다. 꿈을 꿀 때 꿈을 이룰 수가 있다.

차사순 할머니는 자동차 운전면허를 따고 싶은 꿈이 있었다. 그런데, 필기시험을 보기만하면 매 번 떨어졌다. 몇 번이나 떨어졌을까? 무려 959번이나 떨어졌다. 하지만, 차사순 할머니는 포기하지 않고 계속 도전했다. 그리고 960번째 도전에서 결국 운전면허를 취득했다. 그때 차사순 할머니의 나이가 69세였다. 차사순 할머니를 보면서 "꿈의 소중함"을 다시금 생각하게 되었다. 어떤 사람들은 나이가 많다고 꿈을 포기한다. 어떤 사람은 돈이 없다고 꿈을 포기한다. 어떤 사람은 능력이 없다고 꿈을 포기한다. 하지만, 꿈을 포기하면 안 된다. 왜냐하면 꿈을 꾸는 자만이 그 꿈을 이룰 수 있기 때문이다.

지금 우리교회는 "리더를 훈련하여 세우는 일"을 꿈꾸고 있다. 리더를 훈련하여 세우는 일이 힘이 들고 다소 시간이 걸리는 일이겠지만 우리가 요셉처럼 꿈을 꾼다면 하나님께서 반드시 이 꿈을 이루어 주실 줄 믿는다.

2. 통찰력이 있는 리더

통찰력은 영어로 "인싸잇"(Insight)이다. 이것은 안을 들여다볼 수 있는 능력이고, 미래를 내다볼 수 있는 능력이다. 리더는 당장에 눈앞의 현실만 바라봐서는 안 된다. 먼 미래를 내다볼 수 있어야 좋은 리더가 될 수 있다.

요셉이 바로왕의 꿈을 해몽하고, 7년 풍년과 7년 흉년에 대한 계획을 발표했을 때 바로왕과 대신들은 그의 명철과 지혜에 놀라면서 다음과 같이 말했다.

> 창세기 41:38-39 "바로가 그의 신하들에게 이르되 이와같이 하나님의 영에 감동된 사람을 우리가 어찌 찾을 수 있으리요 하고 요셉에게 이르되 하나님이 이 모든 것을 네게 보이셨으니 너와 같이 명철하고 지혜 있는 자가 없도다".

요셉은 결코 꿈만 꾸는 사람이 아니었다. 요셉에게는 통찰력이 있었고, 그는 이 통찰력으로 미래를 예측할 수 있었다. 요셉은 애굽 땅에 닥쳐 올 7년 풍년과 7년 흉년을 예측했다. 그리고 토지법을 세워 7년의 풍년 기간에 수확물의 20%를 사들였다. 그리고 각 성읍에 창고를 만들어 사들인 식량을 비축했다. 그리고 이것으로 7년 후에 있을 흉년을 대비했다. 이 모든 것이 요셉의 통찰력에서 나온 것이다. 그러므로 요셉은 "통찰력이 있는 리더"이다. 이 통찰력으로 그가 애굽의 총리가 된 것이다.

우리나라에 복음을 전한 선교사들은 통찰력이 있는 사람들이었다. 그들은 우리나라에 복음을 전할 때 학교와 병원과 고아원을 건축했다. 그리고 학교를 통해 가르치는 일을 했다. 병원을 통해 병자를 치료하는 일을 했다. 고아원을 통해 부모가 없는 아이들을 돌봐주는 일을 했다. 선교사들이 전도와 함께 이런 일들을 섬길 때 한국교회는 점점 부흥하게 되었다. 130여년 전에 선교사들이 세운 연세대학교와 이화여자대학교와 배재대학교가 지금 대한민국에서 얼마나 큰 영향력을 행하고 있나? 130여년 전에 선교사들이 세운 세브란스 병원이 지금 대한민국에서 얼마나 큰 영향력을 행하고 있나? 선교사들이 우리나라에 복음을 전할 때 먼 미래를 생각하면서 학교를 짓고, 병원을 짓고, 고아원을 지은 것이 우리나라를 복음화 하는 데 매우 중요한 역할을 했다. 그러므로 우리나라가 복음화 되는 일에 선교사들의 헌신과 함께 그들의 통찰력이 매우 중요한 역할을 했다.

교회가 부흥하는 데 있어서 이런 "통찰력"이 필요하다. 우리 교회는 매년 섬김바자회, 쌀 나누기, 노인초청잔치 등으로 지역을 섬기는 일들을 진행하고 있다. 또한 작은도서관을 통해 지역주민을 섬기는 일을 진행하고 있다. 우리교회가 통찰력을 가지고 이런 일들을 통해 지역을 잘 섬길 때에 하나님께서 전도의 문을 열어주실 줄 믿는다.

3. 훈련을 통해 성장하는 리더

우리나라에서 장교가 되는 길이 크게 세 가지가 있다. 첫째는 사관학교를 졸업하고 장교가 되는 것이고, 둘째는 대학교 재학 중에 학군단에 들어가서 학군장교(ROTC)가 되는 것이고, 셋째는 대학을 졸업하고 학사장교가 되는 것이다. 내가 5년 동안 학사장교로 군 생활을 하면서 지켜본 바에 의하면 사관학교 출신 장교들이 가장 장교다운 모습을 갖추고 있었다. 그 이유는 그들이 4년 동안 사관학교에서 군인으로서의 기본자세를 철저하게 훈련받았기 때문이다. 따라서 그들은 대학을 졸업하고 4개월 동안 장교훈련을 받고 장교가 되는 학사장교나 대학을 다니면서 2년 동안 장교훈련을 받고 장교가 되는 학군장교와는 다를 수밖에 없다. 따라서 좋은 장교가 되기 위해서는 훈련을 잘 받는 것이 매우 중요하다.

좋은 리더가 되려면 훈련을 잘 받는 것이 매우 중요하다. 요셉이 애굽의 총리라는 리더가 될 수 있었던 것은 그가 훈련을 잘 받았기 때문이다. 요셉은 형들에 의해 아라비아 상인들에게 팔려갔다. 그리고 애굽의 시위대장 보디발 장군 집에서 종으로 일했다. 그리고 요셉이 성실하게 일할 때 보디발 장군이 요셉을 가정 총무로 세웠다. 가정의 모든 살림살이를 요셉에게 맡긴 것이다.

창세기 39:4-5 "요셉이 그의 주인에게 은혜를 입어 섬기매 그가 요셉을 가정 총무로 삼고 자기의 소유를 다 그의 손에 위탁하니 그가 요셉에게 자기의 집과 그의 모든 소유물을 주관하게 한 때부터 여호와께서 요셉을 위하여 그 애굽 사람의 집에 복을 내리시므로 여호와의 복이 그의 집과 밭에 있는 모든 소유에 미친지라".

요셉은 보디발 장군의 집에 있는 동안 토지 관리법, 종을 다루는 법, 수확한 곡물을 관리하는 법 등을 배웠다. 요셉이 보디발 장군의 집에서 배우고 익힌 일들은 장차 그가 애굽의 총리가 되어 나라의 모든 살림살이를 맡아서 관리하는 데 큰 도움이 되었다. 나중에 요셉은 억울한 누명을 쓰고 감옥에 갇히기도 했다. 그런데, 요셉이 갇힌 감옥은 보디발 장군의 집 안에 있는 감옥으로 이곳은 정치범들을 수용하는 감옥이었다. 당시 이 감옥에는 바로왕의 술맡은 관원장과 떡굽는 관원장이 갇혀 있었다. 이들은 매우 고위관리들로서 왕실에서 바로왕을 보필하는 중요한 역할을 맡았던 사람들이다. 요셉은 감옥에서 이들을 통해 애굽의 행정에 대해서 배우게 되었다. 요셉이 억울한 누명을 쓰고 감옥에 갇혔지만, 요셉은 감옥에서 중요한 공부를 하게 된 것이다. 그러므로 고난에는 반드시 하나님의 뜻과 섭리가 있는 것이다. 요셉은 감옥에 있는 동안 바로왕의 참모인 술맡은 관원장과 떡굽는 관원장을 통해 흉년을 이겨내려면 풍년의 때에 거둬들인 곡식의 20% 정도를 비축해야 한다는 계산을 해낼 수 있는 방법을 배운 것이다. 그리고 요셉이 애굽 총리가 되었을 때 감옥에서 배운 것들을 토대로 7년 흉년을 잘 준비할 수가 있었던 것이다. 그러므로 요셉은 "훈련을 통해 성장하는 리더"였다.

우리에게도 고난이 찾아올 때가 있다. 요셉처럼 정말로 억울하게 고난을 당할 때도 있을 것이다. 하지만, 우리가 고난을 잘 참고 인내한다면 고난을 통해 오히려 요셉처럼 훈련되어지고 성장하는 리더가 될 것이다. 그러므로 고난당할 때 "고난에도 하나님의 뜻과 섭리가 있다는 것"을 믿고 인내해야 한다. 그래야 더 좋은 리더로 성장할 수가 있다.

요셉은 어떤 리더였나?

요셉은 꿈을 꾸는 리더였다. 그는 힘들고 어려운 상황 속에서 결코 꿈을 포기하지 않았다. 요셉은 통찰력이 있는 리더였다. 그는 남들은 보지 못하는 것을 볼 수 있었고, 미래를 예측할 수 있는 능력을 가지고 있었다. 요셉은 훈련을 통해 성장하는 리더였다. 그렇기 때문에 그가 애굽의 총리가 되어 애굽을 구원하고, 자기 가족까지도 구원할 수가 있었던 것이다. 그러므로 우리가 이런 요셉의 리더십을 배워서 우리도 하나님께 쓰임 받는 좋은 리더가 되자.

적용과 나눔

1. 요셉을 생각할 때 가장 먼저 떠오르는 단어가 무엇인가?

2. 요셉은 꿈을 꾸는 리더, 통찰력이 있는 리더, 훈련을 통해 성장하는 리더였다. 이런 요셉의 모습에서 내가 새롭게 깨달은 것이 무엇인가?

3. 내가 어린 시절에 꿈꾸던 나의 꿈은 무엇인가? 나는 과연 그 꿈을 이루었나?

4. 요셉과 같은 리더가 되기 위해서 내가 더 노력해야 할 것이 무엇인가?

5. 요셉과 같은 리더가 되기 위해서 기도하자.

모세

10.모세가 여호와께 아뢰되 오 주여 나는 본래 말을 잘 하지 못하는 자니이다 주께서 주의 종에게 명령하신 후에도 역시 그러하니 나는 입이 뻣뻣하고 혀가 둔한 자니이다

11.여호와께서 그에게 이르시되 누가 사람의 입을 지었느냐 누가 말 못 하는 자나 못 듣는 자나 눈 밝은 자나 맹인이 되게 하였느냐 나 여호와가 아니냐

12.이제 가라 내가 네 입과 함께 있어서 할 말을 가르치리라

13.모세가 이르되 오 주여 보낼 만한 자를 보내소서

14.여호와께서 모세를 향하여 노하여 이르시되 레위 사람 네 형 아론이 있지 아니하냐 그가 말 잘 하는 것을 내가 아노라 그가 너를 만나러 나오나니 그가 너를 볼 때에 그의 마음에 기쁨이 있을 것이라

15.너는 그에게 말하고 그의 입에 할 말을 주라 내가 네 입과 그의 입에 함께 있어서 너희들이 행할 일을 가르치리라

16.그가 너를 대신하여 백성에게 말할 것이니 그는 네 입을 대신할 것이요 너는 그에게 하나님 같이 되리라.

출애굽기 4:10-16

CHAPTER 03

모세
부르심에 순종한 리더

한 동안 우리나라 사람들은 "히딩크 리더십"에 열광했었다. 히딩크 감독은 학연, 지연, 혈연에 얽매이지 않는 선수 선발과 철저한 체력단련을 통해 우리나라 축구를 월드컵 4강에 올려놓았기 때문이다. 그런데, 얼마 전 우리나라가 아시안컵 축구경기에서 준우승을 차지하면서 우리나라 사람들은 슈틸리케 감독에게 관심을 갖게 되었다.

한 신문기자가 "슈틸리케 리더십"에 대해서 글을 썼는데, "슈틸리케 리더십"은 폭넓은 인재 등용과 끊임없는 소통과 스킨십이라고 설명했다. 독일 출신의 슈틸리케 감독은 2014년 9월에 우리나라 축구 감독이 되었다. 슈틸리케 감독은 좋은 선수를 잘 찾아내는 리더이다. 히딩크 감독이 박지성선수와 이영표선수를 발굴했던 것처럼 슈틸리케 감독은 한 번도 국가대표팀에서 뛰어본 적이 없는 공격수 이정협선수와 골키퍼 김진현 선수를 과감하게 주전으로 기용했다. 그리고 이 두 선수가 이번 아시안컵에서 우리나라가 준우승을 차지하는 데 크게 기여했다. 그러므로 좋은 리더는 좋은 인재를 찾아낼 줄 아는 능력이 있어야 한다. 슈틸리케 감독은 선수들과 끊임없이 소통하고 격려하는 감독이라고 한다. 그는 그라운드로 들어가는 선수들과 일일이 악수하면서 선수들을 격려한다. 이런 점들이 선수들로 하여금 슈틸리케 감독을 존경하고 따르게 만드는 것이다. 그러므로 좋은 리더는 팀원들을 칭찬하고 격려하는 일을 잘해야 한다.

모세는 하나님께서 출애굽의 사명을 맡기기 위해서 특별히 부른 리더이다. 하나님이 보실 때 당시 이스라엘 백성들 가운데 모세만큼 훌륭하고 준비된 리더는 없었다. 하나님께서 기대했던 것처럼 모세는 출애굽의 사명을 잘 감당했다. 도대체 모세가 어떤 리더이기에 하나님께서 모세를 선택하여 출애굽의 리더로 사용하신 것일까?

1. 부르심에 순종하는 리더

하나님은 애굽에서 종살이 하는 이스라엘 백성들을 구원할 계획을 세우셨다. 그리고, 이 구원계획을 담당할 리더로 모세를 부르셨다. 하나님은 호렙산에서 모세를 부르시고, 그에게 "내가 너를 바로에게 보내어 이스라엘을 애굽에서 인도하게 하겠다"(출 3:10)는 사명을 맡기셨다. 하나님께서 모세를 출애굽의 리더로 부르셨을 때 그가 어떤 반응을 보였는가? 모세는 하나님의 부르심에 즉시 순종하지 않았다.

> 출애굽기 3:11 "모세가 하나님께 아뢰되 내가 누구이기에 바로에게 가며 이스라엘 자손을 애굽에서 인도하여 내리이까".

하나님께서 모세를 부르셨을 때 그는 "내가 누군데 바로에게 가며 이스라엘 자손을 애굽에서 인도할 수가 있겠습니까?"라고 하면서 부르심에 순종하지 않았다. 모세는 40세까지 애굽 왕궁에서 살았다. 그러다가 40세 때 애굽 사람을 죽이고 왕궁을 도망쳐 나왔다. 그리고 40년 동안 미디안 광야에서 힘든 생활을 했다. 그러므로 모세는 바로왕을 찾아갈 면목이 없었다. 그렇다고 해서 이스라엘 백성들이 40년 동안 애굽 왕궁에서 성장한 모세를 인정하고 따를 리도 없었다. 이런 상황들이 모세로 하여금 하나님의 부르심에 불순종하게 만들었다.

하나님은 모세가 부르심에 순종하지 않을 때 어떻게 하셨나? 하나님은 계속해서 모세를 부르셨다. 그랬더니 모세는 "나는 본래 말을 잘 못하는 사람입니다. 그리고 나는 입이 뻣뻣하고 혀가 둔한 사람입니다"(출4:10)라고 말하면서 계속 하나님의 부르심을 거절했다. 하지만 하나님은 모세를 부르시는 일을 포기하지 않으셨다. 하나님은 순종하지 않는 모세를 계속해서 설득하셨다. 그랬더니 이번에는 모세가 이렇게 말했다.

출애굽기 4:13 "모세가 이르되 오 주여 보낼 만한 자를 보내소서".

하나님은 모세가 계속해서 부르심에 순종하지 않으니까 화를 내셨다. 그러면서 모세가 사명을 감당할 수 있도록 도움을 주기로 약속하셨다. 하나님은 모세가 언변이 부족함을 아시고 모세의 형 아론을 대언자로 붙여주겠다고 약속하셨다. 하나님은 모세가 바로왕과 백성들 앞에 서는 것을 두려워할 때에 모세에게 능력의 지팡이를 들려주셨다. 이렇게 해서 결국, 모세는 하나님의 부르심에 순종하게 되었다. 그러므로 모세는 "부르심에 순종하는 리더"이다.

모세는 자기 생각이 분명한 사람이었다. 모세는 자기는 출애굽 리더로서의 자격이 없다고 생각했다. 그러나 그것은 단지 모세의 생각일 뿐 하나님의 생각은 모세의 생각과 달랐다. 하나님은 모세를 출애굽 리더로 사용하기 위하여 오랫동안 그를 준비시키셨다. 그리고 때가 되었을 때 그를 출애굽 리더로 부르셨다. 그리고, 모세는 하나님의 부르심에 순종한 것이다. 지금도 하나님은 우리들을 부르고 계시다. 그런데, 우리들도 모세처럼 여러 가지 핑계를 대면서 하나님의 부르심에 불순종할 때가 있다.

"하나님! 저는 아직 부족합니다. 저보다 더 좋은 사람을 사용하세요".

"하나님! 저는 지금 형편이 안됩니다. 그러니 나중에 하겠습니다".

우리가 완벽할 때까지 기다리다가는 아무것도 할 수가 없다. 우리가 부족하지만 하나님께서 함께 하시고 도와주시기 때문에 능히 감당할 수가 있는 것이다. 그러므로 하나님께서 부르실 때 믿음으로 순종하는 리더가 되자.

2. 좋은 동역자가 있는 리더

　모세는 사람을 잘 만나는 복이 있었다. 모세는 그 누구보다도 "부모"를 잘 만났다. 모세가 태어났을 때 애굽의 바로왕은 히브리 사람들이 많아지는 것을 두려워하여 히브리 남자 아이가 태어나면 모두 죽이라고 명령했다. 이런 시대적 상황 속에서 태어났기 때문에 모세는 태어나자마자 죽을 수밖에 없었다. 그런데, 모세의 부모는 모세를 죽이지 않았다. 모세의 부모는 모세를 3개월 동안 숨겨서 키우다가 더 이상 숨길 수 없게 되자 모세를 갈대 상자에 담아 나일강에 떠내려 보냈다. 모세는 또 다시 죽을 수밖에 없는 상황 속에 던져진 것이다. 그런데, 이때 나일강 하류에서 목욕하던 바로의 딸 공주가 갈대 상자에서 모세를 건져내어 그를 양자로 키운 것이다. 이렇게 해서 모세는 40년 동안 애굽 왕궁에서 성장하게 되었다. 죽을 수밖에 없는 환경 속에 놓여있던 모세가 사람을 잘 만나서 기적같은 인생을 살게 된 것이다.

　모세가 40세가 되었을 때 그는 애굽 사람을 죽이고 두려움 때문에 미디안 광야로 도망을 쳤다. 그런데, 모세는 미디안 광야에서 "이드로"를 만나게 되었고, 그의 딸과 결혼하여 가정을 이루게 되었다. 만일 모세가 미디안 광야에서 이드로를 만나지 않았더라면 모세의 인생은 훨씬 어려워졌을 것이다. 이드로는 출애굽 이후에도 모세가 이스라엘 백성을 잘 다스릴 수 있도록 도움을 주었다.

모세는 출애굽 이후에 "아론과 훌"이라는 좋은 동역자를 만나게 되었다. 아론과 훌은 모세를 적극적으로 도와준 좋은 동역자들이다. 출애굽한 이스라엘 백성들은 광야를 행진하다가 아말렉 족속과 전쟁을 하게 되었다. 이 때 여호수아는 백성들을 이끌고 전방에 나가서 싸움을 주도했고 모세는 산에 올라가서 하나님께 기도를 드렸다. 그런데, 모세가 산에 올라갈 때 모세는 아론과 훌을 데리고 갔다. 놀라운 사실은 모세가 산에서 손을 들고 기도하면 이스라엘이 이기고 모세가 손을 내리고 기도를 멈추면 이스라엘이 패배하는 일이 계속되었다. 모세도 사람인지라 계속 두 손을 들고 기도할 수가 없었다. 이런 상황 속에서 아론과 훌이 모세에게 큰 도움을 주었다.

> 출애굽기 17:12 "모세의 팔이 피곤하매 그들이 돌을 가져다가 모세의 아래에 놓아 그가 그 위에 앉게 하고 아론과 훌이 한 사람은 이쪽에서, 한 사람은 저쪽에서 모세의 손을 붙들어 올렸더니 그 손이 해가 지도록 내려오지 아니한지라".

모세가 피곤하고 힘이 들어서 더 이상 손을 들고 기도할 수 없게 되었을 때 아론과 훌은 양쪽에서 모세의 손을 붙잡고 함께 기도를 했다. 이렇게 해서 결국 이스라엘이 아말렉을 물리치고 승리를 거두게 되었다. 그러므로 아론과 훌이 모세의 좋은 기도 동역자가 되어준 것이다.

모세가 출애굽 리더로서의 역할을 수행할 때 여호수아와 갈렙이 모세를 많이 도와주었다. 모세의 부하인 여호수아와 갈렙은 이스라엘이 광야를 행진할 때 가나안 땅을 정탐했던 12명의 정탐군에 속했던 사람들이다. 모든 이스라엘 백성들이 광야에서 불평하고 원망할 때 여호수아와 갈렙은 항상 모세의 편이 되어 주었다. 모세는 여호수아와 갈렙 때문에 힘을 얻어 리더의 사명을 잘 감당할 수 있었다. 모세가 비록 부족하고 연약했지만 그가 출애굽 리더의 사명을 잘 감당할 수 있었던 것은 모세 주위에 좋은 사람들이 많이 있었기 때문이다. 그들은 모세의 연약함을 도와주었고, 부족함을 채워주었다. 그러므로 모세는 "좋은 동역자가 있는 리더"였다.

좋은 리더가 되려면 좋은 동역자를 만나는 것이 중요하다. 목회자가 목회할 때 좋은 장로를 만나는 것이 중요하다. 목회할 때 좋은 부교역자를 만나는 것이 중요하다. 목회할 때 좋은 성도들을 만나는 것이 중요하다. 목회자를 돕는 좋은 동역자가 있을 때 목회는 더욱 풍성해 질 수 있고, 교회는 더욱 건강하고 든든하게 세워질 수가 있다. 그러므로 목회자는 좋은 동역자를 만나기 위해 기도해야 한다.

3. 인내하며 기도하는 리더

모세는 200만 명의 이스라엘 백성들을 이끌고 출애굽하여 40년 동안 광야생활을 주도한 리더이다. 한 가정의 가장 역할을 감당하는 것은 어려운 일이다. 한 교회의 담임목사 역할을 감당하는 것도 쉽지가 않다. 그런데, 200만 명이나 되는 백성들을 이끌고 광야를 행진한다는 것이 얼마나 힘이 들었을까? 그것도 무려 40년 동안이나 말이다. 만일 모세가 "인내하며 기도하는 리더"가 아니었다면 그는 결코 이 일을 감당하지 못했을 것이다.

광야생활이 점점 길어지면서 백성들의 불만도 점점 더 심해졌다.

민수기 21:5 "백성이 하나님과 모세를 향하여 원망하되 어찌하여 우리를 애굽에서 인도해 내어 이 광야에서 죽게 하는가 이 곳에는 먹을 것도 없고 물도 없도다 우리 마음이 이 하찮은 음식을 싫어하노라 하매".

이스라엘 백성들은 하나님과 모세를 향하여 원망하기 시작했다. 백성들은 "왜 우리를 애굽에 그냥 내버려두지 광야로 인도해서 굶어죽게 하느냐?"면서 모세를 원망했다. 백성들은 "광야에는 먹을 것도 없고 마실 물도 없다"면서 원망했다. 백성들은 "하나님께서 내려주시는 만나가 이제는 싫다"면서 불평하고 원망했다. 모세가 이런 백성들의 원망하는 소리를 듣게 되었을 때 얼마나 속이 상하고 답답했겠는가? 하지만, 모세는 이런 문제로 백성들과 다투지 않았다. 모세는 그저 묵묵히 참고 인내했다. 이런 모습을 볼 때 모세가 "참고 인내하는 리더"인 것을 알게 된다.

이스라엘 백성들이 광야에서 하나님과 모세를 향하여 불평하고 원망하는 소리가 점점 커져갈 때 하나님께서 불뱀을 보내어 백성들을 물게 했는데, 불뱀에 물린 사람은 즉시 죽었다. 시간이 지나면서 점점 더 많은 백성들이 불뱀에 물려 죽게 되었다. 이때 모세는 "제발 백성들을 살려달라"고 하나님께 기도를 했다. 그러자 하나님께서 모세에게 살 수 있는 방법을 가르쳐 주셨다. 하나님은 모세에게 "놋뱀을 만들어 장대 높이 매어 달아라. 불뱀에 물린 사람이 놋뱀을 바라보면 살게 될 것이다"라고 말씀해 주셨다. 모세는 즉시 놋뱀을 만들어 장대 높이 매어 달았다. 그래서 불뱀에 물려 죽어가는 백성들을 살려 내었다. 이런 모습을 볼 때 모세가 "기도하는 리더"인 것을 알게 된다.

  속을 썩이고 말을 안 듣던 교인이 어려움을 당하게 될 때 목사의 마음이 좋을 것 같으나 사실은 그렇지가 않다. 목사는 속을 썩이고 말을 안듣던 교인일지라도 어려움에 처한 교인을 보게 되면 마음이 아프고 안타깝다. 이것이 목사의 마음이다. 모세가 광야에서 불평불만 하다가 불뱀에 물려 죽는 백성들을 보면서 좋아한 것이 아니라 안타까운 마음으로 그들을 살리기 위해 기도하는 모습이야말로 진정한 목자의 모습이요 좋은 리더의 모습인 것이다.

모세는 어떤 리더였나?

모세는 부르심에 순종하는 리더였다. 그가 처음에는 출애굽의 사명을 감당할 수 없다고 생각하여 부르심에 순종하지 않았지만, 결국 그는 하나님의 부르심에 순종했다. 모세는 좋은 동역자가 많은 리더였다. 그렇기 때문에 그가 부족함에도 불구하고 출애굽의 사명을 잘 감당할 수가 있었다. 모세는 인내하며 기도하는 리더였다. 그렇기 때문에 그가 200만 명에 달하는 백성들을 이끌고 출애굽하여 40년 동안 성공적으로 광야를 행진할 수가 있었던 것이다. 그러므로 우리가 이런 모세의 리더십을 배워서 우리도 하나님께 쓰임 받는 좋은 리더가 되자.

적용과 나눔

1. 모세를 생각할 때 가장 먼저 떠오르는 단어가 무엇인가?

2. 모세는 부르심에 순종하는 리더, 좋은 동역자가 있는 리더, 인내하며 기도하는 리더였다. 이런 모세의 모습에서 내가 새롭게 깨달은 것이 무엇인가?

3. 모세에게는 아론과 훌, 여호수아와 갈렙 같은 좋은 동역자가 있었다. 지금 나에게 있어서 중요한 동역자는 누구인가?

4. 모세와 같은 리더가 되기 위해서 내가 더 노력해야 할 것이 무엇인가?

5. 모세와 같은 리더가 되기 위해서 기도하자.

여호수아

1. 온 회중이 소리를 높여 부르짖으며 백성이 밤새도록 통곡하였더라

2. 이스라엘 자손이 다 모세와 아론을 원망하며 온 회중이 그들에게 이르되 우리가 애굽 땅에서 죽었거나 이 광야에서 죽었으면 좋았을 것을

3. 어찌하여 여호와가 우리를 그 땅으로 인도하여 칼에 쓰러지게 하려 하는가 우리 처자가 사로잡히리니 애굽으로 돌아가는 것이 낫지 아니하랴

4. 이에 서로 말하되 우리가 한 지휘관을 세우고 애굽으로 돌아가자 하매

5. 모세와 아론이 이스라엘 자손의 온 회중 앞에서 엎드린지라

6. 그 땅을 정탐한 자 중 눈의 아들 여호수아와 여분네의 아들 갈렙이 자기들의 옷을 찢고

7. 이스라엘 자손의 온 회중에게 말하여 이르되 우리가 두루 다니며 정탐한 땅은 심히 아름다운 땅이라

8. 여호와께서 우리를 기뻐하시면 우리를 그 땅으로 인도하여 들이시고 그 땅을 우리에게 주시리라 이는 과연 젖과 꿀이 흐르는 땅이니라

9. 다만 여호와를 거역하지는 말라 또 그 땅 백성을 두려워하지 말라 그들은 우리의 먹이라 그들의 보호자는 그들에게서 떠났고 여호와는 우리와 함께 하시느니라 그들을 두려워하지 말라 하나

10. 온 회중이 그들을 돌로 치려 하는데 그 때에 여호와의 영광이 회막에서 이스라엘 모든 자손에게 나타나시니라.

민수기 14:1-10

CHAPTER 04

여호수아
무대 뒤에 선 리더

미국 스탠다드 석유회사에 한 점원이 있었다. 그는 출장을 가면 항상 숙박부에 자신의 이름과 함께 '한 통에 4달러, 스탠다드 석유'를 기재했다고 한다. 동료들은 그런 그를 '한 통에 4달러'라고 부르며 놀렸지만, 그는 자신의 노력이 회사에 도움을 줄 거라 생각하고 멈추지 않았다. 그러던 어느 날, 캘리포니아의 작은 도시로 출장을 간 그는 밤이 늦어서야 호텔을 찾았다. 잠들기 직전 그는 숙박부에 이름만 쓰고 온 것이 떠올랐다. 피곤했지만 그는 다시 옷을 챙겨 입고 로비로 내려갔다. 그는 숙박부를 달라고 한 뒤, '한 통에 4달러, 스탠다드 석유'라고 적어 넣었다. 그 때 옆에 있던 한 신사가 물었다. "왜 그 문구를 적어 넣습니까?" 그러자 그는 "우리 회사를 조금이라도 많은 사람들에게 알리려는 것입니다."라고 대답했다. 이 일이 있고 나서 한 달쯤 지났을 때 그는 회장의 특별 초청을 받게 되었다. 본사에 간 그는 캘리포니아에서 만났던 그 신사가 바로 록펠러 회장임을 알게 되었다. 록펠러 회장은 이렇게 말했다. "나는 당신처럼 회사 일에 열정을 가지고 있는 사원을 옆에 두고 싶소." 이후에 그는 본사로 발령을 받았고, 그 뒤 경영 실세로 부상하게 되었다. 이 점원이 바로 록펠러의 뒤를 이어 세계 최대 석유회사 사장이 된 존 아치볼드(John Archbold)이다. 존 아치볼드가 회사를 위해 충성할 때 그는 나중에 그 회사의 사장이 되는 영광을 얻게 되었다. 그러므로 진심으로 충성할 때 귀한 상을 받게 되는 것이다.

여호수아는 강력한 리더로서의 색깔보다는 오히려 리더를 잘 돕는 조력자로서의 색깔이 강한 리더이다. 모세가 출애굽의 사명을 감당한 강력한 리더였다면 여호수아는 모세라는 리더를 잘 돕고 협력한 조력자였다. 그러나 여호수아가 조력자로서의 사명에 충성했을 때 그는 모세의 후계자가 되었고 가나안 땅을 정복하는 위대한 사명을 성취하게 되었다. 도대체 여호수아가 어떤 리더이기에 하나님께서 여호수아를 선택하여 가나안 땅을 정복하는 리더로 사용하신 것일까?

1. 긍정적인 믿음을 가진 리더

　모세는 광야를 행진하던 중에 "가데스 바네아"라는 곳에서 12명의 정탐꾼을 뽑아서 가나안 땅을 정탐하게 했다. 12명의 정탐꾼은 각 지파를 대표하는 사람들로서 이들은 40일 동안 가나안 땅을 정탐하고 돌아와서 모세와 백성들 앞에서 정탐 결과를 보고했다. 그런데, 12명의 정탐꾼 중에서 10명은 아주 부정적인 보고를 했다. 10명은 "가나안 땅이 좋기는 좋은데, 그들의 성은 크고 견고하고, 또 그들은 우리보다 강하다. 그들 앞에 우리는 메뚜기 같다. 따라서 우리는 그들을 이길 수 없다"고 부정적인 보고를 했다. 그러나 여호수아와 갈렙 두 사람은 아주 긍정적인 보고를 했다.

> 민수기 14:8 "여호와께서 우리를 기뻐하시면 우리를 그 땅으로 인도하여 들이시고 그 땅을 우리에게 주시리라 이는 과연 젖과 꿀이 흐르는 땅이니라".

　여호수아와 갈렙이 이렇게 긍정적인 보고를 할 수 있었던 것은 그들이 "긍정적인 믿음을 가진 리더"였기 때문이다. 10명의 정탐꾼은 의심과 불신의 눈으로 가나안 땅을 보았기 때문에 모든 것이 부정적으로 보였다. 그러나 여호수아와 갈렙은 믿음의 눈으로 가나안 땅을 보았기 때문에 모든 것이 긍정적으로 보인 것이다. 그러므로 긍정적인 믿음으로 세상을 바라보는 것이 매우 중요하다.

여호수아는 맡겨진 사역을 마무리하면서 세겜에 모인 이스라엘 백성들에게 다음과 같이 말했다.

> 여호수아 24:15 "만일 여호와를 섬기는 것이 너희에게 좋지 않게 보이거든 너희 조상들이 강 저쪽에서 섬기던 신들이든지 또는 너희가 거주하는 땅에 있는 아모리 족속의 신들이든지 너희가 섬길 자를 오늘 택하라 오직 나와 내 집은 여호와를 섬기겠노라 하니".

이스라엘 백성들은 애굽에 사는 동안 애굽의 영향을 많이 받았다. 그래서 애굽 사람들이 섬기는 신을 섬기게 되었다. 이스라엘 백성들이 가나안 땅에 들어간 후에는 가나안의 신들의 영향으로 그들이 가나안의 신들을 섬기게 되었다. 하지만, 여호수아는 오직 하나님만을 믿고 섬겼다. 여호수아는 모든 사역을 마치고 죽음을 앞에 둔 상황에서 백성들에게 우상을 숭배하지 말고 하나님을 섬기라고 권면했다. 그러면서 여호수아는 자기의 믿음을 다음과 같이 분명히 고백했다.

"오직 나와 내 집은 여호와를 섬기겠노라".

이것이 바로 여호수아의 믿음이다. 여호수아는 애굽에서 종살이를 했던 사람이다. 여호수아는 출애굽하여 광야를 40년 동안 행진한 사람이다. 여호수아는 가나안 땅을 정복한 사람이다. 오랜 세월이 흐르고 환경과 상황이 수없이 바뀌었지만 여호수아는 항상 하나님만을 믿고 의지했다. 그리고, 그는 어떤 상황에서도 흔들리지 않았다. 여호수아에게 이런 믿음이 있었기 때문에 하나님께서 여호수아를 가나안 정복의 리더로 사용하신 것이다.

검정색 썬 그라스를 끼고 세상을 바라보면 세상은 검게 보인다. 그런데, 노란색 썬 그라스를 끼고 세상을 바라보면 세상은 노랗게 보인다. 세상은 원래 검지도 않고, 노랗지도 않다. 세상은 우리가 쓴 안경의 색깔에 따라 다르게 보이는 것이다. 그러므로 어떤 안경을 끼고 세상을 보느냐가 중요하다.

세상에는 부정적인 생각을 갖고 있는 사람과 긍정적인 생각을 갖고 있는 사람이 있다. 부정적인 생각에 빠질수록 부정적인 사람이 되고, 그로 인해 부정적인 행동을 하게 된다. 긍정적인 생각을 하게 되면 긍정적인 사람이 되고, 그로 인해 긍정적인 생각과 행동을 하게 된다. 그러므로 긍정적인 생각을 하는 것이 중요하다.

「긍정의 힘」이라는 책을 쓴 조엘 오스틴(Joel Osteen) 목사는 긍정적인 믿음을 가질 때 기적같은 일이 일어난다고 했다. 조용기 목사도 긍정적인 믿음은 "4차원의 영성"에 해당되며, 따라서 긍정적인 믿음을 품을 때 우리가 살고 있는 3차원의 세상을 변화시킬 수 있다고 했다. 나 역시도 긍정의 힘과 능력을 믿는다. 그러므로 긍정적인 믿음을 소유해야 한다. 그래야 기적의 주인공이 될 수 있고 하나님께 쓰임 받을 수가 있다.

2. 무대 뒤에 선 리더

영화의 주연 배우가 되고 싶은 사람은 많지만 조연 배우가 되고 싶은 사람은 많지가 않다. 많은 사람들이 화려한 무대 위에서 청중들의 박수를 받는 주연이 되고 싶어 한다. 그러다보니 무대 뒤에서 무대를 밝혀주는 조연이 되고 싶어 하는 사람은 적을 수 밖에 없다. 그러나 조연이 없이는 감동적인 영화와 드라마를 만들 수가 없다. 무대가 빛나는 것은 주연을 위해 헌신하는 조연과 엑스트라가 있기 때문이다. 안개꽃이 아름다운 것은 자신을 드러내지 않고, 장미나 다른 화려한 꽃을 돋보이게 해주기 때문이다. 그러므로 장미꽃의 배경이 되어 주는 안개꽃은 무대 뒤에 선 영웅과 같다.

모세가 이스라엘의 리더라면 여호수아는 모세를 돕는 참모요 조력자였다. 모세가 영화의 주연 배우라면, 여호수아는 영화의 조연 배우와 같은 사람이다. 이런 점에서 여호수아는 "무대 뒤에 선 영웅"과 같은 사람이요 "무대 뒤에 선 리더"이다.

출애굽기 33장 11절 말씀은 여호수아를 "젊은 수종자"로 소개하고 있다.

> 출애굽기 33:11 "사람이 자기의 친구와 이야기함같이 여호와께서는 모세와 대면하여 말씀하시며 모세는 진으로 돌아오나 눈의 아들 젊은 수종자 여호수아는 회막을 떠나지 아니하니라".

쉬운 성경에서는 수종자를 "젊은 보좌관"으로 번역했다. 여호수아는 모세를 돕는 "젊은 보좌관"이다. 여호수아는 젊은 시절부터 모세의 곁에서 모세를 도왔던 사람이다. 모세가 회막에서 사역을 마치고 진으로 돌아올 때에도 여호수아는 회막을 떠나지 않을 정도로 자기에게 맡겨진 사명을 철저하게 수행한 사람이다. 여호수아는 출애굽한 이스라엘 백성들이 광야에서 아말렉 족속과 전쟁을 할 때 모세의 명을 받고 전방에 나가서 싸운 사람이다. 이때 모세가 리더였고, 여호수아는 참모였다. 여호수아는 이스라엘이 광야를 행진할 때 12명의 정탐꾼의 한 사람으로 가나안 땅을 정탐했던 사람이다. 이때에도 모세는 리더였고, 여호수아는 모세의 부하였다. 모세가 40년 동안 이스라엘의 리더로 활동하는 동안 여호수아는 거의 모든 시간을 모세를 돕고 섬기는 일에 헌신했다. 이런 점들을 고려해 볼 때 여호수아는 "1인자가 아니라 2인자"의 역할을 수행했던 사람이다. 여호수아는 2인자의 역할을 충실히 수행했다.

미국의 "포춘"이라는 잡지에서 500대 기업의 총수들을 조사했다. 500대 기업의 총수들 가운데 2인자의 과정을 거쳐서 1인자가 된 사람이 과연 얼마나 될까? 500대 기업의 총수들 중에 86%의 사람이 2인자의 과정을 거쳐서 1인자가 되었다고 한다. 그러므로 1인자가 되려면 먼저 2인자의 자리를 거쳐야만 한다. 그리고 2인자의 자리에서 2인자의 역할을 잘 수행해야 한다.

여호수아는 모세가 40년 동안 이스라엘의 리더로 있는 동안 철저하게 2인자의 자리를 지켰다. 여호수아는 2인자의 역할에 충실했다. 하나님은 여호수아가 2인자의 역할을 충실하게 수행할 때 그를 리더로 부르셨다. 그리고 가나안 땅을 정복하는 사명을 그에게 맡겨 주셨다. 물론, 여호수아는 이 일을 잘 수행했다. 만년 2인자의 자리에 있던 여호수아가 가나안 땅을 정복하는 사명을 잘 수행할 수 있었던 비결은 그가 오랫동안 2인자의 역할을 잘 수행했다는 것이다. 여호수아는 2인자의 역할을 수행하면서 모세에게 리더의 역할을 배웠다. 먼저 작은 성공을 이룰 때 장차 큰 성공도 이룰 수가 있는 법이다. 마찬가지로 먼저 2인자의 역할을 잘 감당할 때 장차 1인자의 역할도 잘 감당할 수가 있는 것이다.

현재 1인자가 아니라 2인자의 자리에 있다고 해서 결코 낙심할 필요가 없다. 그리고 2인자의 자리에 있다고 해서 맡겨진 일을 소홀히 해서는 안 된다. 비록 그 일이 작은 일일지라도 그 일에 최선을 다해야 한다. 왜냐하면 2인자의 역할을 잘 수행할 때 1인자의 역할이 주어지게 되고, 1인자의 역할도 잘 감당할 수 있기 때문이다. 그러므로 먼저 2인자의 역할을 잘 감당하는 일이 중요하다. 그래야 좋은 리더가 될 수 있다.

3. 실천하는 리더

출애굽한 이스라엘 백성들은 광야에서 아말렉 족속과 전쟁을 했다. 모세는 아론과 훌을 데리고 산에 올라가서 기도했다. 그리고, 여호수아에게는 군사를 이끌고 전방에 나가서 아말렉 족속과 싸우라고 지시했다. 이때 여호수아는 모세의 명령대로 군사를 이끌고 나가서 아말렉 족속과 싸웠다. 여호수아는 결코 주저하거나 망설이지 않았다. 아말렉 족속은 강한 군사력을 가지고 있었다. 반면에 이스라엘은 출애굽한 지 얼마 되지 않았기 때문에 훈련된 군사가 거의 없었다. 하지만, 여호수아는 모세가 명령할 때 그 명령에 철저히 순종했다. 그러므로 여호수아는 "실천하는 리더"임을 알 수 있다.

모세가 죽은 후에 하나님은 여호수아를 이스라엘의 리더로 세우면서 다음과 같이 말씀하셨다.

> **여호수아 1:2** "내 종 모세가 죽었으니 이제 너는 이 모든 백성과 더불어 일어나 이 요단을 건너 내가 그들 곧 이스라엘 자손에게 주는 그 땅으로 가라".

하나님께서 모세를 불러 출애굽의 사명을 맡기신 것처럼 하나님은 모세가 죽은후 여호수아를 불러 그에게 가나안 정복의 사명을 맡겨주셨다. 하나님께서 모세에게 출애굽의 사명을 맡기실 때 모세는 이런 저런 핑계를 대면서 사명을 거부했었다. 그러나 여호수아는 하나님께서 가나안 정복의 사명을 맡기실 때 즉시 순종했고 실천했다. 이런 점에서 여호수아는 "실천하는 리더"임을 알 수가 있다.

이스라엘의 리더가 된 여호수아는 가나안의 첫 번째 성인 여리고 성을 공격했다. 하나님은 여호수아에게 여리고 성을 공격할 때 다음과 같은 전략을 주셨다.

여호수아 6:3-4 "너의 모든 군사는 그 성을 둘러 성 주위를 매일 한 번씩 돌되 엿새 동안을 그리하라. 제사장 일곱은 일곱 양각 나팔을 잡고 언약궤 앞에서 나아갈 것이요 일곱째 날에는 그 성을 일곱 번 돌며 그 제사장들은 나팔을 불 것이며".

하나님께서 여호수아에게 주신 전략은 이상한 전략이었다. 하나님은 모든 백성들이 여리고 성을 매일 한 바퀴씩을 돌고, 일곱째 날에는 일곱 바퀴를 돌라고 말씀하셨다. 그러면 여리고 성이 무너져 내릴 것이고 그때 여리고 성을 공격하라고 말씀하셨다. 여리고 성은 가나안에서 가장 강력한 성인데, 그 성 주위를 돈다고 해서 무슨 일이 일어나겠는가? 그런데, 하나님께서 명령하셨을 때 여호수아는 즉시 실천했다. 여호수아는 하나님이 명령하신 대로 일곱 명의 제사장과 법궤를 앞세우고, 모든 백성들과 함께 여리고 성을 일주일 동안 돌았다. 그 결과 여리고 성이 일곱째 날에 "와르르르..." 하고 무너져 내렸다. 이것이 바로 여호수아의 "실천하는 리더십"이다. 여호수아는 하나님께서 말씀하시면 즉각적으로 순종하고 실천하는 리더였다. 그렇기 때문에 여호수아가 좋은 리더가 될 수 있었던 것이다.

여호수아는 어떤 리더였나?

여호수아는 긍정적인 믿음을 가진 리더였다. 그에게 이런 믿음이 있었기 때문에 그가 가나안 땅에 들어갈 수가 있었던 것이다. 여호수아는 무대 뒤에 선 리더였다. 그가 모세를 돕는 2인자로서의 역할을 충실히 수행했기 때문에 모세의 후계자가 될 수 있었던 것이다. 여호수아는 실천하는 리더였다. 그렇기 때문에 그가 이스라엘의 리더가 되어 가나안 정복의 사명을 감당하게 된 것이다. 그러므로 우리가 이런 여호수아의 리더십을 배워서 우리도 하나님께 쓰임 받는 좋은 리더가 되자.

적용과 나눔

1. 여호수아를 생각할 때 가장 먼저 떠오르는 단어가 무엇인가?

2. 여호수아는 긍정적인 믿음을 가진 리더, 2인자의 역할을 충실히 수행하는 무대 뒤에 선 리더, 설천하는 리더였다. 이런 여호수아의 모습에서 내가 새롭게 깨달은 것이 무엇인가?

3. 세상에는 긍정적인 사람과 부정적인 사람이 있다. 나는 과연 어느 쪽에 가깝다고 생각하는가?

4. 여호수아와 같은 리더가 되기 위해서 내가 더 노력해야 할 것이 무엇인가?

5. 여호수아와 같은 리더가 되기 위해서 기도하자.

사무엘

1.아이 사무엘이 엘리 앞에서 여호와를 섬길 때에는 여호와의 말씀이 희귀하여 이상이 흔히 보이지 않았더라

2.엘리의 눈이 점점 어두워 가서 잘 보지 못하는 그 때에 그가 자기 처소에 누웠고

3.하나님의 등불은 아직 꺼지지 아니하였으며 사무엘은 하나님의 궤 있는 여호와의 전 안에 누웠더니

4.여호와께서 사무엘을 부르시는지라 그가 대답하되 내가 여기 있나이다 하고

5.엘리에게로 달려가서 이르되 당신이 나를 부르셨기로 내가 여기 있나이다 하니 그가 이르되 나는 부르지 아니하였으니 다시 누우라 하는지라 그가 가서 누웠더니

6.여호와께서 다시 사무엘을 부르시는지라 사무엘이 일어나 엘리에게로 가서 이르되 당신이 나를 부르셨기로 내가 여기 있나이다 하니 그가 대답하되 내 아들아 내가 부르지 아니하였으니 다시 누우라 하니라

7.사무엘이 아직 여호와를 알지 못하고 여호와의 말씀도 아직 그에게 나타나지 아니한 때라

8.여호와께서 세 번째 사무엘을 부르시는지라 그가 일어나 엘리에게로 가서 이르되 당신이 나를 부르셨기로 내가 여기 있나이다 하니 엘리가 여호와께서 이 아이를 부르신 줄을 깨닫고

9.엘리가 사무엘에게 이르되 가서 누웠다가 그가 너를 부르시거든 네가 말하기를 여호와여 말씀하옵소서 주의 종이 듣겠나이다 하라 하니 이에 사무엘이 가서 자기 처소에 누우니라

10.여호와께서 임하여 서서 전과 같이 사무엘아 사무엘아 부르시는지라 사무엘이 이르되 말씀하옵소서 주의 종이 듣겠나이다 하니

11.여호와께서 사무엘에게 이르시되 보라 내가 이스라엘 중에 한 일을 행하리니 그것을 듣는 자마다 두 귀가 울리리라.

사무엘상 3:1-11

CHAPTER 05

사무엘
기도하는 리더

짐 애벗(Jim Abbott)이란 사람은 태어날 때부터 오른 손목이 없었다. 그런데, 그는 야구를 무척 좋아했다. 오른 손목이 없는 장애인이 야구 선수가 된다는 것은 결코 쉬운 일이 아니다. 하지만 짐 애벗은 야구 선수가 되는 일에 희망을 두고 최선을 다해 야구를 했다. 다행히도 그는 점점 좋은 선수로 성장했다. 그의 고등학교 팀이 전국 야구선수권 대회에서 우승을 차지하기도 했다. 그는 1988년 서울 올림픽에서 미국의 투수로 활약하여 금메달을 받기도 했다. 그는 메이저리그에 10년 동안 출전하면서 눈부신 활약을 했다.

짐 애벗은 1999년에 야구계에서 은퇴를 했다. 그는 1,674이닝 동안 공을 던졌고, 888명의 타자들을 삼진 아웃시켰고, 87승을 거두었다. 짐 애벗은 아무도 가능하다고 생각하지 않았던 꿈을 실현시켰다. 그는 자신의 야구 인생을 다음과 같이 요약했다. "야구가 내게 준 가장 큰 선물은 아마도 남과 다르다는 부담감을 극복하고 마음의 평화를 찾을 수 있도록 도와준 것이다"

짐 애벗이 오른 손목이 없는 장애인임에도 불구하고 야구 역사에서 이렇게 기적같은 일을 할 수 있었던 힘이 과연 무엇일까? 그것은 희망이다. 그러므로 어떤 상황 속에서도 희망을 품는 것이 중요하다.

한나는 아기를 낳지 못하는 상황 속에서도 희망을 품고 기도했다. 한나는 실로에 있는 제단에 올라가서 하나님께 통곡하면서 "주의 여종에게 아들을 주시면 내가 그를 하나님께 드리겠나이다"라고 서원기도를 했다. 이렇게 해서 낳은 아들이 사무엘이다. 사무엘은 어린 시절부터 성전에서 기도의 사람으로 성장했다. 그리고 사무엘은 당대 제사장과 사사로서의 중요한 역할을 감당하는 사람이 되었다. 도대체 사무엘이 어떤 리더이기에 하나님께서 그를 선택하여 크게 사용하신 것일까?

1. 하나님의 음성을 듣는 리더

사무엘이 어렸을 때는 하나님의 말씀이 희귀한 시대였다. 이때는 하나님께서 거의 말씀을 하지 않으셨다. 이 시대에 엘리 제사장이 제사장으로 활동했는데, 엘리 제사장은 늙어서 앞을 잘 보지 못하는 상태였고, 또 하나님의 말씀도 듣지를 못했다.

어느날 사무엘이 하나님의 법궤가 있는 성전에서 잠을 자기 위해서 누웠는데, 하나님께서 사무엘을 부르셨다. 이때 사무엘의 나이가 12살쯤 되었다. 하나님께서 부르실 때에 사무엘은 즉시 엘리 제사장에게로 달려갔다. 사무엘은 지금까지 한 번도 하나님의 음성을 들어본 적이 없기 때문에 자기를 부르는 음성이 엘리 제사장의 음성인 줄로 생각하고 엘리 제사장에게로 달려간 것이다. 그런데, 엘리 제사장은 사무엘을 부른 적이 없다면서 사무엘을 돌려보냈다.

그래서 사무엘은 성전으로 돌아와서 잠자리에 누웠는데, 잠시 후 자기를 부르는 하나님의 음성을 두 번째로 듣게 되었다. 사무엘은 이번에도 엘리 제사장이 자기를 부르는 줄로 생각하고 엘리 제사장에게로 달려갔다. 그런데, 엘리 제사장은 이번에도 사무엘을 부른 적이 없다면서 다시 사무엘을 돌려보냈다. 그래서 사무엘이 다시 성전에 있는 숙소로 돌아왔는데, 잠시 후에 하나님께서 세 번째로 사무엘을 부르셨다. 이번에도 사무엘은 엘리 제사장에게로 달려갔다. 엘리 제사장은 자기가 부르지도 않았는데, 세 번씩이나 사무엘이 자기에게 달려오는 것을 보면서 "하나님께서 지금 사무엘을 부르고 계시다"는 것을 깨닫게 되었다. 따라서 엘리 제사장은 사무엘에게 "다시 너를 부르는 소리가 들리거든 내게로 오지 말고 다음과 같이 대답하라" 고 가르쳐 주었다.

사무엘상 3:9 "엘리가 사무엘에게 이르되 가서 누웠다가 그가 너를 부르시거든 네가 말하기를 여호와여 말씀하옵소서 주의 종이 듣겠나이다 하라 하니 이에 사무엘이 가서 자기 처소에 누우니라".

사무엘이 성전 숙소로 돌아와서 잠자리에 누웠는데, 사무엘을 부르는 네 번째 하나님의 음성이 들려왔다. 그래서 사무엘은 엘리 제사장이 가르쳐 준대로 "여호와여 말씀하옵소서. 주의 종이 듣겠나이다"라고 대답을 했다. 그랬더니 하나님께서 사무엘에게 앞으로 행하실 일들을 자세히 말씀해 주셨다. 이렇게 해서 사무엘이 처음으로 하나님의 음성을 듣게 되었다. 그러므로 사무엘은 "하나님의 음성을 듣는 리더"였다.

사무엘이 처음으로 하나님의 음성을 들었을 때 그의 나이가 12살쯤 되었다. 하나님의 음성을 듣는 어린 사무엘을 통하여 비록 나이가 어릴지라도 하나님의 음성을 들을 수 있다는 사실을 깨닫게 된다. 사무엘이 처음에 하나님의 음성을 들었을 때 그는 하나님의 음성임을 깨닫지 못했다. 그리고 그 때 하나님은 사무엘에게 아무 것도 말씀하지 않으셨다. 그런데, 사무엘이 엘리 제사장을 통하여 하나님의 음성을 듣는 방법을 배운 후에 "여호와여 말씀하옵소서. 주의 종이 듣겠나이다"라고 말하니까 하나님께서 사무엘에게 말씀을 들려주셨다. 여기서 중요한 것은 말씀을 들을 준비를 해야만 하나님께서 말씀하신다는 것이다.

　지금도 하나님은 여러 가지 방법으로 말씀하고 계신다. 그런데, 사람들은 그것이 하나님의 음성인지를 깨닫지 못한다. 그러니까 하나님도 더 이상 말씀하시지를 않는 것이다. 그러므로 하나님의 음성을 듣기 위해서는 먼저 하나님께서 어떻게 말씀하시는지를 알아야 한다. 하나님께서 직접적으로 말씀하실 때도 있지만, 간접적으로 말씀하실 때가 더 많다. 하나님은 주로 성경을 통해 말씀하신다. 그러므로 하나님의 음성을 들으려면 성경을 읽어야 한다. 성경을 읽으면서 하나님께서 나에게 주시는 말씀에 귀를 기울여야 한다. 그래야 하나님의 음성을 들을 수 있다. 하나님은 기도를 통해 말씀하신다. 그러므로 하나님의 음성을 들으려면 기도를 해야 한다. 하나님은 설교자를 통해 말씀하신다. 그러므로 하나님의 음성을 들으려면 설교자의 말씀에 귀를 기울여야 한다. 하나님은 주변 사람이나 환경을 통해서도 말씀하시고 꿈을 통해서도 말씀하신다. 그러므로 우리는 하나님께서 말씀하시는 통로를 알아야 한다. 그리고 하나님의 음성에 귀를 기울여야 한다.

사무엘은 어릴 때부터 하나님의 음성을 들었다. 사무엘이 하나님의 음성을 들을 수 있었던 것은 그가 하나님의 음성을 듣는 방법을 배웠기 때문이다. 사무엘이 "여호와여 말씀하옵소서. 주의 종이 듣겠나이다"라고 말할 때 하나님께서 사무엘에게 필요한 말씀을 들려주셨다. 그러므로 리더는 하나님의 음성을 들을 수 있어야 한다.

2. 기도하는 리더

"기도하는 부모 밑에서 기도하는 자녀가 나온다"는 말이 있다. 사무엘이 "기도하는 리더"가 될 수 있었던 것은 그의 어머니 한나의 영향이 매우 크다. 한나는 결혼한 지 오랜 시간이 지났지만 아기를 낳지 못했다. 하지만, 한나는 아기 낳는 것을 포기하지 않았다. 한나는 매년 한 차례씩 실로에 있는 제단에 올라가서 하나님께 제사를 드리면서 기도했다. 한나는 마음이 너무 괴로워서 통곡하면서 하나님께 기도했다. 한나는 아들을 낳게 해달라고 간절히 기도했다. 한나는 "하나님께서 아들을 주신다면 그 아들을 하나님께 바치겠다"고 서원하면서 기도했다. 이렇게 간절히 기도할 때 하나님께서 한나에게 아들을 주셨는데, 그 아들이 바로 사무엘이다. 그러므로 한나는 기도를 통해 사무엘을 얻게 된 것이다.

한나는 사무엘을 낳아서 키우다가 사무엘이 3-4세쯤 되어 젖을 뗄 무렵이 되었을 때 그가 서원한 대로 사무엘을 성전에 바쳤다. 그래서 사무엘은 어린 시절부터 실로에 있는 성전에서 성장했다. 사무엘은 기도하는 엄마에게서 태어났고, 어린 시절부터 성전에서 기도하면서 성장했다. 그러므로 사무엘은 자연스럽게 기도의 사람으로 성장하게 된 것이다. 이와같이 자녀를 기도의 사람으로 키우기 위해서는 부모가 먼저 기도의 사람이 되어야 한다. 그리고 어린 자녀에게 기도의 습관을 만들어주어야 한다. 그래야 기도하는 자녀가 세워지는 것이다.

사무엘은 기도에 최우선권을 두는 "기도하는 리더"였다. 사무엘이 이스라엘 백성들 앞에서 기도하는 내용을 보면 그가 얼마나 기도에 힘쓰는 "기도하는 리더"인지를 알 수가 있다.

> 사무엘상 12:23 " 나는 너희를 위하여 기도하기를 쉬는 죄를 여호와 앞에 결단코 범하지 아니하고 선하고 의로운 길을 너희에게 가르칠 것인즉".

사무엘은 이스라엘 백성들 앞에서 "나는 너희를 위하여 기도하기를 쉬는 죄를 여호와 앞에서 결단코 범하지 않겠다"고 다짐을 했다. 이와 같이 사무엘은 "기도를 쉬는 것은 죄를 범하는 것"이라는 생각으로 열심히 기도를 했다. 사무엘이 이렇게 "기도하는 리더"였기 때문에 하나님께서 사무엘을 크게 사용하신 것이다.

이스라엘 백성들이 미스바에 모여서 회개하며 제사를 드릴 때 블레셋 사람들이 쳐들어왔다. 이때 백성들은 "하나님께 기도하여 우리를 구원해 달라"고 사무엘에게 부탁을 했다. 그래서 사무엘이 젖 먹는 어린양 한 마리를 잡아서 하나님께 제물로 드리면서 이스라엘을 위하여 하나님께 부르짖어 기도했다. 사무엘이 기도할 때 하나님께서 응답해 주셨다.

사무엘상 7:10 "사무엘이 번제를 드릴 때에 블레셋 사람이 이스라엘과 싸우려고 가까이 오매 그 날에 여호와께서 블레셋 사람에게 큰 우레를 발하여 그들을 어지럽게 하시니 그들이 이스라엘 앞에 패한지라".

사무엘이 기도할 때 하나님께서 큰 우레를 치게 하여 블레셋 사람들을 어지럽게 만들었다. 그리하여 이스라엘이 블레셋 군사를 물리치고 승리하게 되었다. 그러므로 이스라엘이 블레셋과의 전쟁에서 승리할 수 있었던 것은 사무엘의 기도 덕분이었다. 모세가 손을 들고 기도할 때 이스라엘이 아말렉 족속을 물리치고 승리한 것처럼 사무엘이 기도할 때 하나님께서 블레셋을 물리칠 수 있도록 도와주셨다. 그러므로 "기도하는 리더"가 될 때 하나님께 쓰임을 받게 된다.

3. 하나님의 말씀을 청종하는 리더

사사시대가 끝나갈 무렵에 이스라엘 백성들이 사무엘에게 왕을 세워달라고 떼를 썼다. 이때 사무엘이 하나님께 기도했더니 하나님께서 "사무엘에게 왕을 세우라"고 말씀해 주셨다. 그래서 사무엘은 하나님의 명령을 받들어 사울의 머리에 기름을 부어 그를 이스라엘의 왕으로 세웠다. 이런 사무엘의 모습에서 우리는 그가 "하나님의 말씀을 청종하는 리더"임을 알게 된다.

　사울왕은 처음에는 아주 순수하고 순종적인 사람이었다. 그러나, 시간이 지나면서 그는 점점 변질되어갔다. 그는 점점 교만해졌고, 하나님의 말씀을 청종하지도 않았다. 이스라엘이 아말렉과 전쟁을 할 때 하나님은 아말렉을 쳐서 멸하되 모든 소유를 남기지 말고 다 죽이라고 명하셨다. 그런데, 사울왕은 아말렉을 쳐서 멸한 후에 아말렉의 양과 소 중에서 가장 좋은 것은 남겨두고 하찮은 것만 죽였다. 나중에 이 사실을 알게된 사무엘이 사울왕을 찾아가서 "왜 아말렉의 모든 소유를 진멸하지 않았느냐?"고 책망을 했다. 그러자 사울왕은 "아말렉의 소와 양들 중에서 가장 좋은 것을 하나님께 제사하려고 남겨두었다"고 거짓말을 했다. 이때 사무엘이 다음과 같이 사울왕을 책망했다.

> **사무엘상 15:22** "사무엘이 이르되 여호와께서 번제와 다른 제사를 그의 목소리를 청종하는 것을 좋아하심 같이 좋아하시겠나이까 순종이 제사보다 낫고 듣는 것이 숫양의 기름보다 나으니".

　사무엘은 "하나님께 제물로 드리기 위해서 가장 좋은 소와 양들을 남겨두었다"고 거짓말하는 사울왕에게 "순종이 제사보다 낫다"는 말로 책망했다. 그리고 사무엘은 사울왕에게 '하나님은 하나님의 목소리를 청종하는 것을 좋아하신다'고 가르쳐주었다. 그러므로 좋은 리더가 되기 위해서는 하나님의 말씀을 청종해야 한다.

어떤 사람은 처음에는 부족한데, 시간이 지날수록 점점 성장하는 사람이 있다. 반면에 어떤 사람은 처음에는 잘하는데, 시간이 지날수록 점점 퇴보하는 사람이 있다. 사울왕은 후자에 해당하는 사람이다. 하나님은 처음에는 잘하다가 시간이 지날수록 점점 못하는 사울왕을 보면서 "내가 사울을 왕으로 세운 것을 후회하노니"(삼상 15:11)라고 말씀하셨다. 반면에 사무엘은 어린 시절부터 죽음에 이르는 마지막 순간까지 하나님의 말씀을 청종함으로 하나님을 기쁘시게 해드렸다. 그리하여 사무엘은 단에서 브엘세바에 이르기까지 모든 이스라엘 백성들에게 존경을 받는 리더가 되었다. 하나님께서 사무엘을 이스라엘의 리더로 크게 사용하신 것은 그가 "하나님의 말씀을 청종하는 리더"였기 때문이다.

사무엘은 어떤 리더였나?

사무엘은 하나님의 음성을 듣는 리더였다. 그는 하나님의 말씀이 희귀한 시대에 하나님의 음성을 들었다. 사무엘은 기도하는 리더였다. 그는 기도에 최우선권을 두어 날마다 기도에 힘썼다. 사무엘은 하나님의 말씀을 청종하는 리더였다. 그렇기 때문에 그가 선지자와 제사장과 사사로서의 사명을 훌륭하게 감당할 수 있었던 것이다. 그러므로 우리가 이런 사무엘의 리더십을 배워서 우리도 하나님께 쓰임 받는 좋은 리더가 되자.

적용과 나눔

1. 사무엘을 생각할 때 가장 먼저 떠오르는 단어가 무엇인가?

2. 사무엘은 하나님의 음성을 듣는 리더, 기도하는 리더, 하나님의 말씀을 청종하는 리더였다. 이런 사무엘의 모습에서 내가 새롭게 깨달은 것이 무엇인가?

3. 사무엘은 하나님의 음성을 듣는 리더였다. 나는 하나님의 음성을 듣기 위해서 어떤 노력을 하고 있나?

4. 사무엘과 같은 리더가 되기 위해서 내가 더 노력해야 할 것이 무엇인가?

5. 사무엘과 같은 리더가 되기 위해서 기도하자.

다윗

41.블레셋 사람이 방패 든 사람을 앞세우고 다윗에게로 점점 가까이 나아가니라

42.그 블레셋 사람이 둘러보다가 다윗을 보고 업신여기니 이는 그가 젊고 붉고 용모가 아름다움이라

43.블레셋 사람이 다윗에게 이르되 네가 나를 개로 여기고 막대기를 가지고 내게 나아왔느냐 하고 그의 신들의 이름으로 다윗을 저주하고

44.그 블레셋 사람이 또 다윗에게 이르되 내게로 오라 내가 네 살을 공중의 새들과 들짐승들에게 주리라 하는지라

45.다윗이 블레셋 사람에게 이르되 너는 칼과 창과 단창으로 내게 나아 오거니와 나는 만군의 여호와의 이름 곧 네가 모욕하는 이스라엘 군대의 하나님의 이름으로 네게 나아가노라

46.오늘 여호와께서 너를 내 손에 넘기시리니 내가 너를 쳐서 네 목을 베고 블레셋 군대의 시체를 오늘 공중의 새와 땅의 들짐승에게 주어 온 땅으로 이스라엘에 하나님이 계신 줄 알게 하겠고

47.또 여호와의 구원하심이 칼과 창에 있지 아니함을 이 무리에게 알게 하리라 전쟁은 여호와께 속한 것인즉 그가 너희를 우리 손에 넘기시리라

48.블레셋 사람이 일어나 다윗에게로 마주 가까이 올 때에 다윗이 블레셋 사람을 향하여 빨리 달리며

49.손을 주머니에 넣어 돌을 가지고 물매로 던져 블레셋 사람의 이마를 치매 돌이 그의 이마에 박히니 땅에 엎드러지니라

50.다윗이 이같이 물매와 돌로 블레셋 사람을 이기고 그를 쳐죽였으나 자기 손에는 칼이 없었더라

51.다윗이 달려가서 블레셋 사람을 밟고 그의 칼을 그 칼 집에서 빼내어 그 칼로 그를 죽이고 그의 머리를 베니 블레셋 사람들이 자기 용사의 죽음을 보고 도망하는지라

사무엘상 17:41-51

CHAPTER 06

다윗
하나님의 마음에 맞는 리더

　　　　　　　루즈벨트(Franklin Roosevelt)는 정신적으로나 육체적으로나 가장 강건한 리더 중의 한 사람이다. 그러나 그가 처음부터 건강했던 사람은 아니다. 루즈벨트는 맨하턴의 부유한 가정에서 태어났다. 그는 어렸을 때 허약하고 자주 아팠다. 그는 천식을 갖고 있었고 시력이 나빴고, 몸도 많이 마른 편이었다. 그래서 그의 부모님들은 루즈벨트가 제대로 잘 성장할 수 있을 것인지 염려를 했다.

　루즈벨트가 12살이 되었을 때 아버지로부터 "너는 정신은 강하나 육체가 너무 약하다. 그러므로 너는 몸을 단련해야 한다"는 말을 듣고 그때부터 그는 자신의 몸을 단련하는 일을 시작했다. 루즈벨트는 정신뿐만 아니라 마음을 단련하는 데에도 매일 시간을 투자했다. 그는 남은 인생을 위해 그 일을 매일 시도했다. 그는 몸무게를 늘리고 하이킹을 시도하고 스케이트를 타고 보트 레이스를 하고 말 타기도 하고 복싱도 했다. 결국 루즈벨트는 하버드 대학을 졸업할 즈음에 아주 강건한 사람이 되었다.

루즈벨트는 하루아침에 훌륭한 리더가 된 것이 아니다. 그가 미국 대통령이 되기까지의 길은 아주 느렸고, 계속적인 성장이 요구되었다. 그는 뉴욕시 경찰청장에서부터 미국 대통령에 이르기까지 다양한 직책에서 섬겼는데, 그때마다 그는 계속적으로 배우면서 성장했다. 루즈벨트는 결국 자신을 향상시켜서 미국의 강력한 리더가 된 것이다. 그러므로 리더는 하루아침에 되는 것이 아니라 오랜 시간 동안 인내를 통해 이루어지는 것이다.

다윗은 이새의 아들로 "양을 치는 목동"에 불과했던 사람이다. 하지만, 다윗은 계속해서 자기를 향상시킴으로 나중에 이스라엘의 왕이 되었다. 도대체 다윗이 어떤 리더이기에 하나님께서 다윗을 선택하여 이스라엘 최고의 왕으로 사용하신 것일까?

1. 용기 있는 리더

사울왕이 통치하던 시대에 이스라엘과 블레셋이 전쟁을 하게 되었다. 이때 블레셋 진영에서 싸움을 돋우는 자가 나왔는데, 그의 이름은 "골리앗"이란 장수였다.

골리앗은 어려서부터 타고난 용사로 키가 여섯 규빗 한 뼘으로, 이를 수치로 환산하면 280cm가 된다. 골리앗은 머리에는 놋 투구를 썼고 몸에는 비늘 갑옷을 입었는데, 그 갑옷의 무게가 놋 오천 세겔로 이를 무게로 환산하면 57kg이 된다. 그는 다리에는 놋 각반을 찼고 어깨 사이에는 놋 단창을 메었는데, 창 자루는 베틀 채 같고 창날은 철 육백 세겔로 이를 무게로 환산하면 7kg이 된다. 이 모든 내용들을 종합해 볼 때 골리앗은 키가 280cm가 되는 거인이고, 57kg의 갑옷을 입고, 양쪽에 각각 7kg의 창날을 들 정도로 힘이 센 장수임을 알 수 있다.

골리앗은 이스라엘 진영을 향해 "나하고 싸울 놈이 있으면 나오라"고 계속 소리를 질렀다. 골리앗은 "나와 싸워서 내가 이기면 이스라엘은 나의 종이 되고, 내가 지면 우리가 너희의 종이 되겠다"라고 말하면서 누구든지 나를 이길 자가 있으면 나와 보라고 고함을 쳤다. 그런데, 이스라엘 진영에서는 골리앗과 싸우려는 장수가 아무도 없었다. 이런 상황에서 사울왕과 이스라엘 백성들은 골리앗에게 기가 죽어 떨고만 있었다.

 그런데, 이 때 골리앗과 싸우겠다고 등장한 사람이 있었는데, 그가 바로 소년 다윗이다. 다윗은 당시 이스라엘의 장수가 아니었고 그저 양을 치는 목동에 불과했다. 그는 아버지의 심부름으로 전쟁터에 나간 세 명의 형들을 찾아갔다가 골리앗을 보게 된 것이다. 골리앗이 이스라엘의 하나님을 욕하면서 고함을 지르는데, 이스라엘 진영에서는 아무도 골리앗과 싸우려는 사람이 없었다. 싸우기는커녕 모든 이스라엘 군사들은 골리앗이 무서워서 떨고만 있었다. 이런 상황에서 다윗은 골리앗과 싸우기로 결심했다. 이것이 바로 다윗의 "용기있는 리더십"이다.

 다윗이 골리앗과 싸우겠다고 하니까 사울왕은 자기의 군복과 갑옷을 다윗에게 입혀주었다. 하지만 다윗은 갑옷이 불편해서 도저히 입을 수가 없었다. 그래서 다윗은 갑옷을 벗어버리고 시냇가에 가서 조약돌 5개를 골라서 주머니에 넣고 물매를 들고 골리앗에게로 나아갔다. 그러면서 다음과 같이 외쳤다.

사무엘상 17:45 "다윗이 블레셋 사람에게 이르되 너는 칼과 창과 단창으로 내게 나아 오거니와 나는 만군의 여호와의 이름 곧 네가 모욕하는 이스라엘 군대의 하나님의 이름으로 네게 나아가노라".

이스라엘의 장수들은 골리앗의 큰 키와 그의 칼과 창 앞에서 기가 죽었고, 두려움에 사로잡혀 있었다. 그런데, 다윗은 골리앗이 아무리 키가 크고 그의 무기가 대단할지라도 전혀 두렵지 않았다. 왜냐하면 다윗에게는 "너는 칼과 창과 단창으로 내게 오지만 나는 만군의 하나님의 이름으로 너에게 간다. 그러므로 나는 너를 이길 수 있다."는 굳건한 믿음이 있었기 때문이다. 이러한 다윗의 믿음이 그를 "용기 있는 리더"로 만들어 준 것이다.

다윗이 이러한 용기를 가질 수 있었던 것은 그가 하나님 이름의 능력을 믿었기 때문이다. 다윗은 하나님의 이름으로 나아갈 때 승리할 수 있다고 믿었다. 다윗은 이 믿음으로 골리앗을 물리쳤다. 바로 이 믿음이 다윗을 용기 있는 리더가 되게 했다. 우리가 이런 다윗의 용기 있는 믿음을 소유할 때 우리도 승리하는 리더가 될 것이다.

2. 죄를 회개하는 리더

"5가지 사과의 언어"(게리 채프먼 & 제니퍼 토머스 지음)라는 책이 있는데, 이 책에 5가지 사과의 언어가 나온다.

첫째는 "미안해", 둘째는 "내가 잘못했어", 셋째는 "내가 어떻게 하면 좋을까?", 넷째는 "다시는 안 그럴게!", 다섯째는 "날 용서해줄래?"이다. 나의 사과의 언어는 "미안해"이다. 그래서 나는 나에게 잘못한 사람이 "미안하다"는 말만 하면 웬만하면 다 용서가 된다. 그런데, 내 아내의 사과 언어는 "내가 어떻게 하면 좋을까?"이다. 그래서 아내는 내가 잘못했을 때 내가 무엇을 잘못했는지를 꼭 묻는다. 사실 아내가 화가 났을 때 나는 "내가 무엇을 잘못했는지"를 모를 때가 종종 있다. 그래서 아내가 이것을 꼭 확인하는 것 같다. 그리고 아내는 "내가 어떻게 하면 좋을까?"를 물어주기를 원한다. 그리고 아내는 자기가 원하는 것을 내가 해줄 때 비로소 화가 풀리게 된다. 그러므로 상대방의 "사과 언어"를 아는 것이 중요하다. 그래야 화해를 잘 할 수가 있다.

하나님께서 우리에게 원하시는 사과의 언어는 "잘못했습니다. 용서해주세요"인 것 같다. 우리는 보통 이것을 '회개'라고 부른다. 우리가 지은 죄를 해결받기 위해서는 반드시 죄를 회개해야 한다. 그래야 죄를 용서받을 수 있다.

　배우자에게 잘못했을 때 "미안해 내가 잘못 했어"라고 말하는 것이 과연 쉬울까? 나는 내가 잘못했음에도 불구하고 아내에게 나의 잘못을 인정하는 것이 힘들었다. 그래서 나는 입을 꼭 다물고 있을 때가 많았다. 내가 잘못한 것을 알고 있고, 아내에게 미안한 마음도 있지만, 나의 쓸데없는 자존심과 권위의식 때문에 "미안해, 내가 잘못했어."라고 사과하기가 힘들었다. 아마 나 말고도 이런 남편들이 많을 것이다. 부부 사이에도 자기의 잘못을 인정하는 것이 힘든 데, 지위가 올라갈수록 자기의 잘못을 인정하는 것은 더욱 어려운 일이다. 이런 점에서 다윗이 죄를 회개하는 모습이 큰 도전이 된다.

　다윗은 자기의 죄를 인정하고 회개할 줄 아는 리더였다. 다윗은 밧세바라는 여인을 취하기 위해 야비한 음모를 꾸몄고, 그녀의 남편 우리아를 싸움이 진행중인 최전방에 보냄으로 죽게 만들었다(삼하11:1-27). 다윗은 이러한 음모를 아무도 모르게 진행했다. 그런데, 어느날 하나님께서 나단 선지자를 다윗에게 보내어 다윗의 죄를 지적하게 하셨다. 다윗은 나단 선지자의 말을 들으면서 어떤 반응을 보였나?

사무엘하 12:13 "다윗이 나단에게 이르되 내가 여호와께 죄를 범하였노라 하매 나단이 다윗에게 말하되 여호와께서도 당신의 죄를 사하셨나니 당신이 죽지 아니하려니와".

다윗은 자신의 죄가 드러났을 때 즉시 "내가 여호와께 죄를 범하였노라"라고 고백하며 죄를 인정하며 회개했다. 그러자 나단 선지자는 "여호와께서도 당신의 죄를 사하셨나니 당신이 죽지 않을 것"이라고 선포했다. 다윗의 범죄는 결국 그의 아들 압살롬의 쿠테타로 이어졌고 다윗은 다시 피난을 다니는 수모를 당하게 되었다. 하지만 다윗은 자기의 죄를 깨달았을 때 철저히 눈물을 흘리며 회개했는데, 우리는 이런 모습에서 다윗이 "죄를 회개하는 리더"임을 알게된다.

아담과 하와는 하나님의 명령을 어기고 에덴동산 중앙에 있는 선악과를 따먹었다. 아담과 하와가 죄책감에 빠져서 낙심하고 있을 때 하나님께서 그들의 죄를 지적해 주셨다. 이때 아담과 하와는 죄를 인정하지도 회개하지도 않았다. 아담과 하와는 오히려 궁색한 변명을 했다. 그리고 책임을 전가했다. 자기의 죄가 드러났을 때 아담과 하와처럼 회개하기 보다 책임을 전가하거나 핑계를 대려는 사람들이 많다. 그런데, 다윗은 자기의 죄가 드러났을 때 죄를 회개했다. 다윗의 이런 모습이 그를 좋은 리더가 되게 한 것이다.

3. 인정받는 리더

다윗이 골리앗을 물리친 후에 그의 인기가 점점 더 높아졌다. 백성들은 "사울은 천천이요, 다윗은 만만이다"라고 외치면서 다윗의 이름을 높여주었고 다윗을 인정해 주었다. 그런데, 다윗의 인기가 높아짐에 따라 다윗은 점점 더 핍박과 고난을 당하게 되었다. 사울왕은 백성들에게 인기가 좋은 다윗을 시기하고 질투했다. 심지어 사울은 다윗을 죽이려고까지 했다. 이로 인하여 다윗은 계속 도망을 다녀야만 했다. 다윗은 도망 중에 사울왕을 죽일 수 있는 두 번의 좋은 기회가 있었으나 그는 하나님이 기름부어 세운 사울왕을 죽이지 않았다. 이런 점들이 다윗을 더욱 빛나는 리더로 만들어 주었다.

다윗은 그 누구보다도 하나님께 인정받았다. 바울이 1차 전도여행 때 비시디아 안디옥에서 전도를 했다. 이때 바울이 출애굽에서부터 예수 그리스도에 이르기까지 소개했는데, 다윗에 대해서 다음과 같이 소개했다.

사도행전 13:22 "폐하시고 다윗을 왕으로 세우시고 증언하여 이르시되 내가 이새의 아들 다윗을 만나니 내 마음에 맞는 사람이라 내 뜻을 다 이루리라 하시더니".

바울은 다윗을 "하나님의 마음에 맞는 사람"이라고 소개했다. 정말 다윗은 하나님의 마음에 딱 맞는 사람이었다. 그렇기 때문에 하나님께서 다윗에게 많은 복과 은혜를 내려 주셨다. 다윗이 하나님께 인정받을 수 있었던 이유는 다음과 같다.

열왕기상 9:4 "네가 만일 네 아버지 다윗이 행함 같이 마음을 온전히 하고 바르게 하여 내 앞에서 행하며 내가 네게 명령한 대로 온갖 일에 순종하여 내 법도와 율례를 지키면".

이 말씀은 하나님께서 솔로몬에게 주신 말씀으로 하나님께서 다윗을 칭찬하고 인정하는 말씀이다. 하나님은 "다윗이 마음이 온전하고 바르며 하나님이 명령하는 대로 순종하고 하나님의 법을 지킨 사람"이라고 말씀하신다. 다윗의 이런 모습 때문에 하나님께서 다윗에게 많은 복과 은혜를 내려 주신 것이다. 그러므로 다윗은 하나님께 "인정받는 리더"였다.

다윗은 어떤 리더였나?

다윗은 용기가 있는 리더였다. 이런 그의 용기가 결국 블레셋의 명장수인 골리앗을 물리친 것이다. 다윗은 죄를 회개하는 리더였다. 그는 자기의 죄가 드러났을 때 변명하거나 책임 전가를 하지 않고 자기의 죄를 철저히 인정하며 회개했다. 다윗은 인정받는 리더였다. 그는 사람들뿐 아니라 하나님께도 철저하게 인정을 받았다. 그러므로 우리가 이런 다윗의 리더십을 배워서 우리도 다윗처럼 하나님께 쓰임 받는 좋은 리더가 되자.

적용과 나눔

1. 다윗을 생각할 때 가장 먼저 떠오르는 단어가 무엇인가?

2. 다윗은 용기있는 리더, 죄를 깨달았을 때 즉시 회개하는 리더, 하나님과 사람 앞에서 인정받는 리더였다. 이런 다윗의 모습에서 내가 새롭게 깨달은 것이 무엇인가?

3. 다윗은 하나님께 인정을 받은 사람이다. 내가 하나님께 가장 인정받을 만한 것이 무엇이라고 생각하는가?

4. 다윗과 같은 리더가 되기 위해서 내가 더 노력해야 할 것이 무엇인가?

5. 다윗과 같은 리더가 되기 위해서 기도하자.

솔로몬

4.이에 왕이 제사하러 기브온으로 가니 거기는 산당이 큼이라 솔로몬이 그 제단에 일천 번제를 드렸더니

5.기브온에서 밤에 여호와께서 솔로몬의 꿈에 나타나시니라 하나님이 이르시되 내가 네게 무엇을 줄꼬 너는 구하라

6.솔로몬이 이르되 주의 종 내 아버지 다윗이 성실과 공의와 정직한 마음으로 주와 함께 주 앞에서 행하므로 주께서 그에게 큰 은혜를 베푸셨고 주께서 또 그를 위하여 이 큰 은혜를 항상 주사 오늘과 같이 그의 자리에 앉을 아들을 그에게 주셨나이다

7.나의 하나님 여호와여 주께서 종으로 종의 아버지 다윗을 대신하여 왕이 되게 하셨사오나 종은 작은 아이라 출입할 줄을 알지 못하고

8.주께서 택하신 백성 가운데 있나이다 그들은 큰 백성이라 수효가 많아서 셀 수도 없고 기록할 수도 없사오니

9.누가 주의 이 많은 백성을 재판할 수 있사오리이까 듣는 마음을 종에게 주사 주의 백성을 재판하여 선악을 분별하게 하옵소서

10.솔로몬이 이것을 구하매 그 말씀이 주의 마음에 든지라

11.이에 하나님이 그에게 이르시되 네가 이것을 구하도다 자기를 위하여 장수하기를 구하지 아니하며 부도 구하지 아니하며 자기 원수의 생명을 멸하기도 구하지 아니하고 오직 송사를 듣고 분별하는 지혜를 구하였으니

12.내가 네 말대로 하여 네게 지혜롭고 총명한 마음을 주노니 네 앞에도 너와 같은 자가 없었거니와 네 뒤에도 너와 같은 자가 일어남이 없으리라

13.내가 또 네가 구하지 아니한 부귀와 영광도 네게 주노니 네 평생에 왕들 중에 너와 같은 자가 없을 것이라

14.네가 만일 네 아버지 다윗이 행함 같이 내 길로 행하며 내 법도와 명령을 지키면 내가 또 네 날을 길게 하리라

15.솔로몬이 깨어 보니 꿈이더라 이에 예루살렘에 이르러 여호와의 언약궤 앞에 서서 번제와 감사의 제물을 드리고 모든 신하들을 위하여 잔치하였더라.

열왕기상 3:4-15

CHAPTER 07

솔로몬
지혜로운 리더

시어머니와 친정어머니는 두 분 다 어머니지만 많이 다르다. 시어머니 앞에 있으면 긴장이 되고 불편하다. 그러나 친정어머니는 언제 만나도 긴장이 안 되고 불편하지도 않다. 시어머니 앞에서는 편하게 눕지를 못한다. 그러나 친정어머니 앞에서는 아무렇게나 눕는다. 친정어머니는 딸이 실수해도 딸의 입장에서 이해해 준다. 그러나 시어머니는 며느리가 실수하면 지적하며 꾸짖는다. 친정어머니에게는 힘든 이야기를 얼마든지 할 수가 있다. 그러나 시어머니에게는 힘든 이야기를 못할 때가 더 많다. 따라서 시어머니와 며느리 상호간에는 서로를 배려하고 이해하려는 노력이 더욱 필요하다.

교회 안에 시어머니 같은 사람이 있는가 하면 친정어머니 같은 사람이 있다. 교회 안에 친정어머니같이 편안한 사람이 있다면 사람들은 교회에 가는 것을 좋아할 것이다. 그러나 교회 안에 시어머니 같은 사람이 있다면 사람들은 교회에 가는 것을 불편해할 것이다. 그러므로 교회 안에 친정어머니 같은 사람이 많아야 한다. 교회 안에서 친정어머니와 같은 역할을 하는 사람들이 가진 리더십을 "친정어머니 리더십"이라고 부른다. 지금 한국교회 안에 "친정어머니 리더십"을 가진 여성들이 더 많이 필요하다.

교회를 다니는 사람 중에 솔로몬을 모르는 사람은 거의 없을 것이다. 그 만큼 솔로몬은 성경 인물 중에서 아주 특별한 인물이다. 도대체 솔로몬이 어떤 리더이기에 하나님께서 솔로몬을 선택하여 최고로 지혜로운 리더로 사용하신 것일까?

1. 기도하는 리더

솔로몬이 이스라엘의 왕이 되었을 때는 아직까지 성전이 건축되지 않은 시기였다. 그렇다고 해서 모세가 만든 성막이 제 기능을 하지도 못하던 시기였다. 이런 상황에서 왕이나 백성들은 산당에서 제사를 드렸다. 산당이란 제사를 드리는 제단을 만들어 놓은 곳을 말한다.

솔로몬은 왕위에 오른 후에 먼저 하나님과의 올바른 관계를 쌓기 위하여 기브온에 있는 산당을 찾아갔다. 그리고 그곳에서 "일천번제"를 드렸다.

> 열왕기상 3:4 "이에 왕이 제사하려 기브온으로 가니 거기는 산당이 큼이라 솔로몬이 그 제단에 일천번제를 드렸더니".

솔로몬이 드린 일천번제는 크게 세 가지 의미가 있다.

첫째로 제물(예물)이다. 솔로몬은 일천 마리의 소를 하나님께 제물로 바쳤다.

둘째로 제사(예배)이다. 솔로몬은 일천 마리의 소를 하나님께 제물로 바치면서 제사를 드렸다.

셋째로 기도이다. 솔로몬은 일천 마리의 소를 하나님께 제물로 바치면서 기도를 드렸다.

그런데 여기서는 "솔로몬의 일천번제"를 기도의 측면에서 생각해 보려고 한다.

소를 일천 마리를 잡아서 번제로 드렸다는 것은 횟수로 보거나 양으로 볼 때 엄청난 규모일 뿐 아니라 정성 또한 대단한 것이다. 따라서 일천번제에는 솔로몬의 강렬한 마음과 헌신이 담겨 있다.

솔로몬이 일천번제를 드렸을 때 하나님께서 기쁘게 받으셨다. 그때까지 솔로몬처럼 일천 마리의 제물을 드린 사람은 아무도 없었다. 일천번제는 많은 제물과 많은 정성이 담겨있는 특별한 기도였다. 솔로몬의 아버지 다윗도 이렇게 많은 제물을 드린 적이 없다. 솔로몬이 일천번제를 드렸을 때 하나님께서 꿈에 솔로몬에게 나타나셔서 다음과 같이 물으셨다.

> 열왕기상 3:5 "기브온에서 밤에 여호와께서 솔로몬의 꿈에 나타나시니라 하나님이 이르시되 내가 네게 무엇을 줄꼬 너는 구하라".

하나님은 솔로몬의 일천번제를 기쁘게 받으시고 그에게 "내가 네게 무엇을 줄꼬?" 하고 물으셨다. 하나님은 솔로몬의 일천번제에 너무 감동하셔서 솔로몬의 소원을 들어주고 싶었던 것이다. 하나님께서 솔로몬에게 소원을 물었을 때 그는 부귀와 영화와 장수를 구한 것이 아니라 백성을 잘 다스릴 수 있는 "지혜"를 구했다. 이런 그의 모습이 다시 한 번 하나님을 감동시켰을 것이다. 따라서 하나님은 그에게 지혜를 주셨을 뿐 아니라 그가 구하지 않은 부귀와 영광까지 채워 주셨다(왕상 3:13).

여기서 우리가 주목할 것은 솔로몬이 구한 축복의 내용이다. 솔로몬은 개인적인 사리사욕을 채우기 위해서 복을 구하지 않았다. 솔로몬은 하나님께서 맡겨주신 백성들을 잘 통치할 수 있도록 "지혜"를 구했다.

결국, 이런 솔로몬의 기도가 하나님의 마음에 들었고(왕상 3:10) 하나님은 솔로몬에게 지혜뿐 아니라 그가 구하지 않은 부귀와 영광까지도 덤으로 주신 것이다. 그러므로 하나님은 기도하는 자에게 복과 은혜를 주신다.

솔로몬은 "기도하는 리더"였다. 특별히 솔로몬의 일천번제 기도는 하나님을 감동케 했고, 솔로몬은 일천번제를 통해 하나님이 주시는 복과 은혜를 받게 되었다. 그러므로 "기도하는 리더"가 될 때 하나님을 감동시켜 드릴 수 있고 크게 쓰임 받게 될 것이다.

2. 지혜로운 리더

솔로몬에게 항상 붙어 다니는 별명과도 같은 수식어가 있는데 그것이 바로 "지혜"이다. 성경은 솔로몬의 지혜에 대해서 다음과 같이 말한다.

열왕기상 4:30 "솔로몬의 지혜가 동쪽 모든 사람의 지혜와 애굽의 모든 지혜보다 뛰어난지라".

열왕기상 4:32 "그가 잠언 삼천 가지를 말하였고 그의 노래는 천 다섯 편이며".

하나님은 솔로몬에게 전무후무한 지혜를 주셨다. 솔로몬은 잠언 3천 가지를 말했고, 노래 1,005곡을 지을 정도로 지혜로운 왕이었다. 솔로몬은 정치, 사회, 동식물학, 법률학 까지도 통달했다고 한다.

또한 병거 1,400대를 친히 제작했고 마병을 12,000명을 거느렸으며 군사전략에서도 탁월한 지혜를 가지고 있었다. 중요한 것은 솔로몬의 지혜가 하나님이 주신 지혜라는 것이다. 열왕기상 3장16-28절에는 솔로몬이 탁월한 지혜를 소유했음을 보여주는 솔로몬의 재판에 대한 이야기가 나온다.

어느 날 아이를 출산한 창녀 2명이 솔로몬에게 와서 아기의 실제 엄마를 찾아달라고 요청을 했다. 2명의 창녀는 같은 집에서 살고 있었는데, 거의 같은 시기에 아기를 출산했다. 그런데 어느 날 한 명의 창녀가 잠을 자다가 실수로 아기를 짓누르는 바람에 아기가 죽게 되었다. 그러자 이 창녀는 다른 창녀의 살아있는 아기와 자기의 죽은 아기를 몰래 바꿔치기를 했다. 다른 창녀는 자기의 품에 죽어있는 아기가 자기의 아기가 아닌 것을 알게 되어 솔로몬을 찾아와서 올바른 판결을 내려달라고 요청을 했다.

두 명의 창녀가 한 아기를 놓고 서로가 자기의 아기라고 주장할 때 솔로몬이 실제 아기의 엄마를 찾아내는 과정을 보면 솔로몬의 지혜가 얼마나 대단한지를 알 수가 있다.

> 열왕기상 3:24-25 "또 이르되 칼을 내게로 가져오라 하니 칼을 왕 앞으로 가져온지라. 왕이 이르되 산 아이를 둘로 나누어 반은 이 여자에게 주고 반은 저 여자에게 주라".

솔로몬은 아기는 하나인데, 엄마는 둘이니까 공평하게 아기를 칼로 반으로 잘라서 나누어주라고 판결을 내렸다. 솔로몬은 참다운 모성애를 자극함으로 아기의 진짜 엄마를 찾아주려고 했던 것이다. 솔로몬이 아기를 반으로 잘라서 나누어주라고 지시하자 아기의 진짜 엄마가 아기를 죽이지 말고 차라리 저 여자에게 주라고 간절히 부탁을 했다. 이런 반응을 보면서 솔로몬은 아기의 진짜 엄마를 분별해냈다.

모든 백성들은 솔로몬이 아기의 진짜 엄마를 지혜롭게 찾아 주었다는 소문을 듣고 솔로몬의 지혜가 하나님이 주신 지혜임을 깨닫게 되었다. 이와같이 솔로몬은 하나님이 주신 지혜로 나라를 잘 다스리는 "지혜로운 리더"였다.

솔로몬의 지혜에 대한 또 한 가지 유명한 이야기가 있다. 먼 곳에 있는 스바 나라의 여왕이 솔로몬에 대한 소문을 듣고 그 지혜를 시험하고자 문제 하나를 가지고 솔로몬을 찾아왔다. 문제는 이런 것이다. 솔로몬으로부터 멀리 떨어진 곳에 두 개의 화분이 있는데, 하나는 생화이고 다른 하나는 조화인데 이들 중에서 생화를 구별해내는 것이었다. 솔로몬은 멀리 놓여 있는 화분을 한참 동안 바라보았다. 그리고 곁에 있는 신하에게 무엇인가를 가져오라고 지시했다.

잠시 후에 신하는 작은 통을 솔로몬에게 주었고, 솔로몬이 그 통을 열자 그 통에서 꿀벌 몇 마리가 나와서 화분의 꽃을 향해 날아갔다. 그런데, 벌들이 모두 왼쪽에 놓인 화분으로 날아가서 꽃술을 더듬었다. 이때 솔로몬은 스바 여왕에게 이렇게 말했다. "왼쪽 화분이 생화입니다." 이에 스바 여왕은 물론, 그 자리에 모인 이스라엘의 신하들까지도 다시 한 번 솔로몬의 지혜에 감탄했다고 한다.

솔로몬의 리더십은 바로 하나님이 주신 지혜로부터 나왔다. 그러므로 좋은 리더가 되려면 하나님이 주시는 지혜를 받아야 한다. 그러므로 하나님께 지혜를 구하도록 하자.

3. 성전 건축을 성취한 리더

솔로몬이 남긴 업적 가운데 최고의 업적은 "성전 건축"이다. 사실 성전 건축을 간절히 원했던 사람은 솔로몬의 부친 다윗인데, 하나님은 다윗이 너무 많은 피를 흘렸다는 이유로 성전 건축을 허락하지 않았다(대상28:3). 따라서 성전을 건축하는 임무는 평화의 왕인 솔로몬에게 맡겨지게 되었다.

> 열왕기상 6:1 "이스라엘 자손이 애굽 땅에서 나온 지 사백 팔십년이요 솔로몬이 이스라엘 왕이 된 지 사년 시브 월 곧 둘째 달에 솔로몬이 여호와를 위하여 성전건축하기를 시작하였더라".

성전 건축은 솔로몬이 왕이 된 지 4년째가 되던 해 봄(BC.966)에 시작하여 7년 후에 완공되었다(왕상6:1-38). 솔로몬은 7년 동안 최선을 다해서 성전을 건축했다.

그러므로 솔로몬은 "성전 건축을 성취한 리더"였다. 여기에서 중요한 것은 솔로몬이 자기를 위하여 성전을 건축한 것이 아니라 "여호와를 위하여" 성전을 건축했다는 점이다. 성전이 건축된 장소는 과거 아브라함이 이삭을 제물로 바치려했던 모리아 산이다. 그런데, 이곳은 예수님께서 십자가에 달려 돌아가신 곳이기도 하다. 그러므로 솔로몬의 성전은 이곳에서 십자가를 지고 영원한 성전이 되신 예수 그리스도를 예표해주는 것이다(요2:19-21).

우리교회는 2009년 1월부터 성전 건축에 대한 비전을 품게 되었다. 당시 우리교회는 개척된 지 2년 밖에 되지 않았고 성전 건축을 위해서 준비된 재정도 없었다. 하지만, 성전 건축에 대한 성도들의 열정은 아주 대단했다. 결국 우리교회는 성전 건축에 대한 비전을 품은 지 1년 10개월 만에 지금의 "가정동 성전"을 건축하게 되었다.

우리교회가 "가정동 성전"을 건축한 것은 아니지만 하나님은 우리교회가 성전에 대한 비전을 품고 기도할 때 다른 교회가 잘 건축한 "가정동 성전"을 우리교회에게 맡겨주셨다. 이렇게 해서 우리교회는 성전 건축의 비전을 성취하게 되었는데, 이 모든 것이 전적으로 하나님의 은혜였다.

다윗은 성전 건축을 간절히 열망했지만, 하나님께서 허락하지 않아서 성전 건축의 꿈을 이루지 못했다. 그러나, 솔로몬은 성전 건축을 열망하지 않았음에도 불구하고 하나님께서 성전을 건축할 수 있게 하셨으니 이것은 특별한 하나님의 은혜였다.

우리가 신앙생활을 하는 동안 성전 건축에 참여할 수 있다는 것은 큰 은혜요 축복이다. 그러므로 우리가 섬기는 교회가 성전을 건축하게 된다면 기쁜 마음으로 참여하자. 그러면 하나님께서 성전 건축을 통하여 은혜와 복을 내려주실 것이다.

솔로몬이 성전 외부공사를 마쳤을 때 하나님께서 솔로몬에게 중요한 말씀을 주셨다.

> **열왕기상 6:12-13** "네가 지금 이 성전을 건축하니 네가 만일 내 법도를 따르며 내 율례를 행하며 내 모든 계명을 지켜 그대로 행하면 내가 네 아버지 다윗에게 한 말을 네게 확실히 이룰 것이요 내가 또한 이스라엘 자손 가운데에 거하며 내 백성 이스라엘을 버리지 아니하리라 하셨더라".

솔로몬이 성전을 건축할 때 하나님께서 솔로몬을 축복해 주셨다. 하나님은 "네가 나의 계명과 말씀을 준행하면 예전에 너의 아버지 다윗과 맺은 언약을 반드시 이루겠다"고 말씀하셨다.

하나님께서 성전을 건축하는 도중에 솔로몬에게 이런 말씀을 하신 이유가 무엇일까? 화려한 성전의 건축이 하나님의 임재를 보증하는 것이 아니라 하나님의 말씀과 계명을 준행할 때 비로소 성전은 하나님의 임재의 장소가 될 수 있음을 가르쳐주기 위해서였다.

아름다운 성전을 건축하는 것이 중요하겠지만 그보다 더 중요한 것은 아름다운 성전에서 하나님께 정성된 예배를 드리는 것이다. 그리고 하나님의 계명과 말씀을 지키는 것이다. 그럴 때 하나님은 우리에게도 약속하신 복과 은혜를 내려주실 것이다.

솔로몬은 어떤 리더였나?

솔로몬은 기도하는 리더였다. 그의 특별한 기도인 일천번제는 하나님의 마음을 감동케 했다. 솔로몬은 지혜로운 리더였다. 하나님은 기도하는 그에게 이 세상 그 누구와도 비교할 수 없는 탁월한 지혜를 주셨다. 솔로몬은 성전 건축을 성취한 리더였다. 그는 그의 부친 다윗도 이루지 못한 성전 건축의 큰 과업을 성취했다. 그러므로 우리가 이런 솔로몬의 리더십을 배워서 우리도 하나님을 감동케 하고 하나님께 쓰임 받는 좋은 리더가 되자.

적용과 나눔

1. 솔로몬을 생각할 때 가장 먼저 떠오르는 단어가 무엇인가?

2. 솔로몬은 기도하는 리더, 지혜로운 리더, 성전 건축을 성취한 리더였다. 이런 솔로몬의 모습에서 내가 새롭게 깨달은 것이 무엇인가?

3. 솔로몬은 일천번제를 통해 하나님을 감동케 했다. 내가 하나님을 감동케 한 일이 있다면 그것이 무엇인가?

4. 솔로몬과 같은 리더가 되기 위해서 내가 더 노력해야 할 것이 무엇인가?

5. 솔로몬과 같은 리더가 되기 위해서 기도하자.

느헤미야

11.내가 예루살렘에 이르러 머무른 지 사흘 만에

12.내 하나님께서 예루살렘을 위해 무엇을 할 것인지 내 마음에 주신 것을 내가 아무에게도 말하지 아니하고 밤에 일어나 몇몇 사람과 함께 나갈새 내가 탄 짐승 외에는 다른 짐승이 없더라

13.그 밤에 골짜기 문으로 나가서 용정으로 분문에 이르는 동안에 보니 예루살렘 성벽이 다 무너졌고 성문은 불탔더라

14.앞으로 나아가 샘문과 왕의 못에 이르러서는 탄 짐승이 지나갈 곳이 없는지라

15.그 밤에 시내를 따라 올라가서 성벽을 살펴본 후에 돌아서 골짜기 문으로 들어와 돌아왔으나

16.방백들은 내가 어디 갔었으며 무엇을 하였는지 알지 못하였고 나도 그 일을 유다 사람들에게나 제사장들에게나 귀족들에게나 방백들에게나 그 외에 일하는 자들에게 알리지 아니하다가

17.후에 그들에게 이르기를 우리가 당한 곤경은 너희도 보고 있는 바라 예루살렘이 황폐하고 성문이 불탔으니 자, 예루살렘 성을 건축하여 다시 수치를 당하지 말자 하고

18.또 그들에게 하나님의 선한 손이 나를 도우신 일과 왕이 내게 이른 말씀을 전하였더니 그들의 말이 일어나 건축하자 하고 모두 힘을 내어 이 선한 일을 하려 하매

19.호론 사람 산발랏과 종이었던 암몬 사람 도비야와 아라비아 사람 게셈이 이 말을 듣고 우리를 업신여기고 우리를 비웃어 이르되 너희가 하는 일이 무엇이냐 너희가 왕을 배반하고자 하느냐 하기로

20.내가 그들에게 대답하여 이르되 하늘의 하나님이 우리를 형통하게 하시리니 그의 종들인 우리가 일어나 건축하려니와 오직 너희에게는 예루살렘에서 아무 기업도 없고 권리도 없고 기억되는 바도 없다 하였느니라.

느헤미야 2:11~20

CHAPTER 08

느헤미야
비전을 성취한 리더

미국의 노르만 쉬바르츠코프(Norman Schwarzkopf) 장군은 다른 사람들이 피하는 부대의 지휘관을 맡았으나 놀라운 리더십을 발휘하여 상황을 완전히 뒤바꾸어 놓았다. 쉬바르츠코프는 17년 동안 군대에 재직 중이던 1969년 12월에 드디어 대대를 지휘할 수 있는 기회를 얻게 되었다. 하지만 그가 맡은 대대는 아무도 책임 맡기를 원치 않았던 제6사단의 제1보병 대대였다. 그가 지휘권을 받았을 때 이 부대는 100점 중에서 최하점인 16점을 얻었다.

그는 다음의 감사를 받기까지 단지 30일의 시간만을 갖고 있었다. 그는 부대 수칙을 보충하고, 대원들을 재훈련시켰으며 리더들을 계발했다. 그리고 사람들에게 방향과 목표를 지시했다. 이렇게 해서 그의 부대는 마침내 그 감사에서 합격점을 얻었다. 그리고 몇 달 뒤에는 더 어려운 사명도 수행했다.

쉬바르츠코프는 군 경력 말기에 여단을 지휘할 수 있는 기회를 갖게 되었다. 다시 한 번 그는 모든 사람들이 원치 않는 직책을 맡았다. 그 부대명은 루이스 요새의 제 9보병 여단이었는데, 사람들은 그 부대를 "서커스 여단"이라고 불렀다. 이런 별명은 이전의 사령관이 그 부대를 운영하는 방식 때문에 생겨난 것이다. 그는 즉시 장교들을 소집하여 새로운 우선순위를 설정하고 그들에게 사람들을 재훈련시키는 권한을 부여했다. 그는 대원들을 훈련시키는 지휘관들의 헌신의 약속을 받았고, 그 다음에 병사들이 그 사명을 이루기 위한 준비를 할 수 있도록 하는 데 자신을 헌신했다. 그리하여 그는 아주 성공적으로 작전을 수행했다. 쉬바르츠코프는 자신의 특별한 직관 리더십으로 좋지 않은 상황을 역전시킬 수가 있었다.

느헤미야가 바사왕 아닥사스다의 허락을 받고 유대 총독으로 부임했을 때 이스라엘의 성벽은 무너졌고, 성문은 이미 불타버린 어려운 상황이었다. 그런데, 이런 상황에서 느헤미야는 예루살렘 성벽 재건 공사를 52일 만에 완수했다. 성벽 공사를 방해하는 무리도 있었고, 성벽 재건 공사에 대한 백성들의 태도도 부정적이었지만 느헤미야는 100년 동안 이루지 못했던 성벽 재건의 비전을 52일이라는 짧은 시간에 완수했다. 도대체 느헤미야가 어떤 리더이기에 하나님께서 그를 선택하여 크게 사용하신 것일까?

1. 내려놓을 줄 아는 리더

느헤미야는 "바벨론 포로기" 때 활동한 사람이다. 이스라엘의 포로귀환은 모두 3차에 걸쳐서 이루어졌다. 1차 포로귀환은 기원전 538년 스룹바벨에 의해서 이루어졌으며 이때 5만여명의 유대인이 예루살렘에 돌아왔다. 2차 포로귀환은 기원전 458년 에스라에 의해서 이루어졌으며 이때 1,800여명이 예루살렘으로 돌아왔다. 3차 포로귀환은 기원전 444년에 느헤미야의 주도로 이루어졌다.

느헤미야는 당시 중동의 패권을 잡고 있던 페르시아의 황제 아닥사스다의 술 맡은 관원이다. 느헤미야는 포로 4세로서 페르시아에서 최고로 출세해서 부귀를 누리는 정통 관료였다. 술 관원이라는 직책은 왕에게 바칠 포도주를 비롯한 각종 술의 제조 과정에서부터 진상에 이르기까지 모든 과정을 총지휘하고 감독하는 자리이다. 당시 왕을 독살하기 위해 독약을 술에 타는 일이 워낙 자주 일어났기 때문에 왕이 절대적으로 신임하는 사람만이 이 직책을 맡을 수가 있었다. 따라서 느헤미야는 누가 봐도 부러울만한 권력과 부귀영화를 누리고 있었다.

그런데, 어느 날 느헤미야는 예루살렘 성이 무너지고 성문이 불탔다는 소식을 듣게 되었다. 유다와 예루살렘이 느헤미야에게는 조상들의 고국이겠지만, 포로 4세인 자기와는 무관한 먼 나라처럼 여겨질 수도 있었다. 하지만 예루살렘 성이 무너지고 성문이 불탔다는 소식을 듣게 되었을 때 느헤미야는 슬픔에 잠긴 채 며칠 동안 금식하며 애절하게 기도를 했다(느1:4). 그리고 나서 그는 중대한 결단을 내린다.

> 느헤미야 2:5 "왕에게 아뢰되 왕이 좋게 여기시고 종이 왕의 목전에서 은혜를 얻었사오면 나를 유다땅 나의 조상들의 묘실이 있는 성읍에 보내어 그 성을 건축하게 하옵소서 하였는데".

느헤미야는 예루살렘 성이 무너지고 성문이 불탔다는 소식을 듣고 4개월 동안 금식하며 기도를 했다. 그리고 느헤미야는 지금까지 자기가 누렸던 모든 축복의 삶을 내려놓기로 결단했다. 이것이 바로 느헤미야의 "내려놓음"이다. 느헤미야는 아닥사스다 왕에게 자기를 유다 땅으로 보내달라고 부탁한다. 그리고 자신의 안전과 축복의 삶을 포기하고 자칫 목숨까지

위태로운 일에 뛰어든 것이다. 느헤미야는 예루살렘 성벽을 재건하는 일이 자기의 사명이라고 확신하면서 이 사명을 위해서 자기의 모든 것을 내려놓은 것이다. 그러므로 느헤미야는 "내려놓을 줄 아는 리더"이다.

아브라함과 아브라함의 조카 롯은 굉장히 다른 사람이다. 무엇보다도 아브라함은 내려놓을 줄 아는 사람이고, 롯은 내려놓을 줄 모르는 사람이었다. 아브라함과 롯은 갈대아 우르를 떠나 하나님이 지시하는 가나안 땅으로 갔다. 그런데, 두 사람의 재산이 점점 많아지게 되면서 아브라함과 롯의 종들이 자꾸만 다투게 되었다. 그래서 아브라함이 롯에게 분가를 제안했다. 아브라함은 롯에게 먼저 땅을 선택할 수 있는 우선권을 주었다. 그러자 롯은 즉시 비옥하고 기름진 땅인 소돔성을 선택했다. 그래서 아브라함은 남은 땅을 갖게 되었다. 이런 모습에서 아브라함은 "내려놓을 줄 아는 리더"임을 알 수가 있다.

반면에 롯은 내려놓지 못하고 움켜쥐는 사람이었다. 나중에 롯이 살던 소돔성이 타락하게 되어 하나님의 불 심판을 받게 되었을 때 롯은 그동안 모아둔 재산을 모두 날려버리게 되었다. 결국 움켜쥐려했던 롯은 모든 것을 잃게 되었고, 내려놓음의 삶을 살았던 아브라함은 큰 부자가 되었다. 그러므로 내려놓는 삶이 손해 보는 삶인 것 같지만 사실은 거기에 하나님의 복이 임하는 것이다.

하나님이 기뻐하시는 리더는 움켜쥐는 사람이 아니라 내려놓는 사람이다. 사닥다리를 타고 높은 곳으로 올라가려면 먼저 내가 움켜쥐고 있는 사닥다리를 놓아야 한다. 내가 사닥다리를 움켜쥐고 있는 손을 놓아야만 더 높은 곳으로 올라갈 수가 있다. 그러므로 리더는 내려놓을 줄 알아야 한다. 내려놓을 줄 아는 리더가 될 때 더 크고 소중한 것을 얻게 되는 것이다.

2. 비전과 열정의 리더

느헤미야가 모든 것을 내려놓기로 결단했을 때 그가 품은 비전은 예루살렘의 성벽을 재건하는 일이었다. 하지만, 이 일은 결코 쉬운 일이 아니었다. 포로귀환이 시작된 이후 유다는 15년에 걸쳐서 스룹바벨 성전을 다시 건축했다. 하지만, 성전을 에워싸는 성벽 재건공사는 바벨론 포로에서 돌아온 지 100년이 지나도록 성공하지를 못했다. 그동안 스룹바벨과 에스라와 같은 지도자들이 수차례에 걸쳐서 성벽 재건공사를 시도했지만 계속 실패를 했다. 이런 상황에서 느헤미야는 성벽 재건이 자기의 사명임을 깨닫고 성벽을 재건하는 비전을 품게 되었다. 그리고 이 비전을 이루기 위해서 다음과 같이 기도했다.

느헤미야 1:11 "주여 구하오니 귀를 기울이사 종의 기도와 주의 이름을 경외하기를 기뻐하는 종들의 기도를 들으시고 오늘 종이 형통하여 이 사람 앞에서 은혜를 입게 하옵소서 하였나니 그때에 내가 왕의 술관원이 되었느니라".

느헤미야가 제 아무리 성벽 재건의 비전을 품을지라도 페르시아의 아닥사스다 왕이 허락하지 않으면 그는 예루살렘에 갈 수도 없고, 성벽을 재건하는 일을 할 수도 없다. 그러므로 느헤미야는 아닥사스다 왕에게 은혜를 입기 위해 하나님께 간절히 기도를 드렸다. 느헤미야는 이 기도를 4개월 동안 밤낮으로 드렸다. 이러한 느헤미야의 기도는 마침내 하나님의 마음을 움직이게 했다. 그리하여 느헤미야는 아닥사스다 왕의 허락을 받고 유대 총독이라는 보직을 받아 예루살렘을 방문하게 되었다. 그리고, 느헤미야는 마침내 예루살렘 성벽을 재건하는 비전을 성취한 것이다. 이것이 바로 느헤미야의 "비전의 리더십"이다.

그동안 100년 동안 수많은 사람들이 시도했지만 결코 성공하지 못했던 성벽 건축을 느헤미야가 어떻게 52일이라는 짧은 시간에 완성할 수 있었을까? 이것은 느헤미야가 이 일에 남다른 열정을 품었기 때문이다. 느헤미야는 성벽 건축에 대한 분명한 비전을 품고 있었고, 무슨 일이 있어도 이 일을 이루고야 말겠다는 열정을 품고 있었다.

당시 예루살렘 성은 둘레가 2-3킬로미터가 되었는데 느헤미야는 성 전체를 40개의 구역으로 분할했다. 그리고 모든 사람들에게 담당구역을 정해주었다. 그리고 모든 사람이 동시다발적으로 맡겨진 구역의 성을 쌓도록 지시를 내렸다. 느헤미야는 성벽 전체를 설계하고, 또 모든 성벽 공사를 철저하게 총괄지휘함으로 52일이라는 짧은 기간에 성벽 공사를 완성할 수 있었다. 이것이 바로 느헤미야의 "열정적인 리더십"이다. 결국 이러한 느헤미야의 열정이 예루살렘 성벽을 재건할 수 있게 만든 것이다.

중국의 만리장성은 세계 7대 불가사의 중에 하나이다. 만리장성은 적들이 오르기에는 너무 높고 무너뜨리기에는 너무 두껍고, 그렇다고 돌아서 가기에는 너무나도 먼 성이다. 하지만 만리장성이 완공된 후 1세기 동안 만리장성이 세 번이나 뚫렸다고 한다. 어떻게 난공불락(難攻不落)의 성이 세 번씩이나 뚫릴 수가 있었을까? 만리장성이 뚫린 것은 뜻밖에도 문지기의 매수를 통해서 이루어졌다고 한다. 적들은 세 차례 모두 문지기를 매수한 뒤에 성문 안으로 유유히 들어갔다고 한다.

중국인들은 난공불락(難攻不落)의 만리장성 성벽을 철썩같이 믿었으나 그 성벽을 지키는 문지기들은 믿을 만한 사람으로 훈련하지 못한 것이다. 그러므로 성벽을 든든하게 쌓아올리는 것도 중요하지만, 그것보다 더 중요한 것은 그 성을 지키는 사람들을 철저히 훈련시키는 것이다.

성벽 재건공사는 기원전 445년 9월21일에 완료가 되었다(느 6:15). 하지만, 느헤미야는 곧바로 성벽 봉헌식을 하지 않았다. 제아무리 튼튼한 성벽을 세웠다고 해도 믿음의 사람들이 세워지지 않으면 그 성벽은 아무 소용이 없다는 것을 알고 있기 때문에 느헤미야는 성벽 공사가 끝난 후에 대대적인 영적 대각성 집회를 추진했다. 당시 느헤미야는 학사 에스라에게 영성집회를 부탁했고, 에스라는 수문 앞 광장에서 새벽부터 정오까지 여섯 시간동안 백성들에게 하나님의 말씀을 읽어주었다.

> 느헤미야 8:6 "에스라가 위대하신 하나님 여호와를 송축하매 모든 백성이 손을 들고 아멘 아멘 하고 응답하고 몸을 굽혀 얼굴을 땅에 대고 여호와께 경배하니라".

수문 앞 광장에 모인 백성들이 하나님의 말씀을 들을 때 그들은 손을 들고 '아멘 아멘'을 외쳤다. "손을 들었다는 것"은 하나님을 의지하고 높인다는 뜻이고, "아멘"은 말씀을 믿고 인정한다는 뜻이다. 이때 모든 백성들은 말씀을 들으면서 몸을 굽혀 얼굴을 땅에 대고 하나님께 경배를 드렸다. 그리고 말씀을 듣는 백성들은 말씀에 감동을 받아 눈물을 흘리면서 회개했다. 결국, 수문 앞 광장에 모인 영적 대각성 집회를 통해 유다 모든 백성들이 회개를 했다. 그러므로 느헤미야는 예루살렘 성벽을 건축하는 일뿐만 아니라 이스라엘 백성들의 신앙을 회복시키고, 그들을 믿음의 사람으로 세우는 비전을 성취한 것이다.

성전을 건축하는 일도 중요하지만, 그보다 더 중요한 것은 백성들을 잘 세우는 일이다. 성벽을 재건하는 공사는 52일 만에 끝났지만 백성들을 훈련하고 세우는 일은 훨씬 더 오랜 시간이 걸렸다. 그러므로 건강한 교회를 세우려면 믿음의 성도들을 잘 세우는 일에 더욱 비전을 두어야 한다.

3. 포기하지 않는 리더

느헤미야가 성벽을 재건하는 일을 추진할 때 이 일을 방해하는 사람들이 있었다.

> 느헤미야 2:19 "호론 사람 산발랏과 종이었던 암몬 사람 도비야와 아라비아 사람 게셈이 이 말을 듣고 우리를 업신여기고 우리를 비웃어 이르되 너희가 하는 일이 무엇이냐 너희가 왕을 배반하고자 하느냐 하기로".

성벽 공사가 시작되자마자 사방에서 수많은 핍박이 일어났다. 그러나 느헤미야는 성벽 공사를 결코 포기하지 않았다. 성벽 공사를 방해하는 사람 중에 대표적인 세 사람이 있었다. 호론 사람 산발랏과 그의 참모 노릇을 하던 암몬 사람 도비야, 그리고 아라비아 사람 게셈이다. 이 세 사람은 느헤미야를 계속해서 괴롭히면서 온갖 수단을 동원하여 성벽 재건을 방해했다. 이들은 예루살렘에 살던 유다인들과 결탁하여 온갖 특혜와 이권을 누린 이들이다.

그러므로 이들은 느헤미야의 출현 때문에 자기들의 영향력을 잃게 될까봐 두려워했다. 따라서 이들은 온갖 방법을 동원하여 느헤미야가 추진하는 성벽 재건 사업을 방해한 것이다. 하지만 어떤 방해에도 불구하고 느헤미야는 성벽 재건 사업을 결코 포기하지 않았다. 그러므로 느헤미야는 "포기하지 않는 리더"였다. 그렇기 때문에 그가 성벽을 재건하는 비전을 성취할 수가 있었던 것이다.

성벽재건 공사를 방해하는 이들은 처음에는 언어폭력을 썼다. 이들은 공개적으로 느헤미야가 추진하는 성벽 재건에 대해서 비난하고 조롱했다(4:1-3). 그러나 느헤미야는 산발랏과 도비야 일당이 조롱하고 비판할 때 일절 대응하지를 않았다. 느헤미야는 감정적으로도 반응하지 않았고, 복수를 시도하지도 않았다. 그 대신 느헤미야는 하나님께 기도를 했다. 느헤미야는 억울하고 분한 일이 생겼을 때 하나님께 기도할 줄 아는 리더였다. 어떤 일에도 반대와 방해가 있기 마련인데, 하나님이 기뻐하시는 거룩한 일일수록 핍박과 방해가 더 심해질 수 있다. 그러므로 이런 때일수록 더욱 기도가 필요하다.

산발랏과 도비야는 느헤미야에게 사정없이 언어폭력을 가했음에도 불구하고 성벽 공사가 척척 진행되는 것을 보면서 격분했다. 그래서 이번에는 아라비아 사람들과 암몬 사람들과 아스돗 사람들까지 자기편으로 만들어서 아예 무력으로 공사를 중단시키려고 했다. 산발랏과 도비야는 연합군을 만들어서 예루살렘 성을 공격했다. 그러므로 느헤미야의 성벽 공사는 최대위기를 맞이하게 되었다.

그런데, 이번에도 느헤미야는 하나님께 기도를 했다. 느헤미야는 어떤 상황에서도 결코 포기하지 않았다. 느헤미야는 기도한 후에 곧바로 경비병을 세워 적들의 기습공격에 대비했다. 느헤미야는 부하들의 절반은 공사에 투입하고, 절반은 창과 방패와 활과 갑옷으로 무장한 채 호위하도록 했다. 그러면서 공사에 뛰어든 일꾼들은 성을 건축하는 자나 짐을 나르는 자나 할 것 없이 모두가 한 손에는 연장을 들고, 다른 한 손에는 무기를 든 채로 성벽 공사를 추진했다. 이렇게 해서 52일 만에 성벽 공사를 마치게 된 것이다.

느헤미야가 성벽 재건을 추진할 때 이 일을 방해하는 또 다른 장애물이 있었다. 그것은 포로에서 돌아온 유다 백성들의 패배의식이었다. 느헤미야에게는 대적자들의 외적인 방해보다 내적인 패배의식이 더 큰 장애물이 되었다.

유대인들은 느헤미야가 유대 총독으로 부임해오기 13년 전에 성벽 재건작업을 시도하다가 큰 어려움을 당한 적이 있었다. 느헤미야를 이곳에 보낸 아닥사스다 왕이 성벽 공사를 무력으로 중단시켰고, 이로 인하여 성벽 공사에 참여했던 수많은 사람들이 목숨을 잃었다. 이런 아픔을 경험했던 유대인들에게 성벽 재건을 다시 시작하자고 설득하는 일은 매우 어려운 일이었다. 그러나 느헤미야는 포기하지 않고, 백성들을 설득하고 또 설득했다.

> 느헤미야 2:17 "후에 그들에게 이르기를 우리가 당한 곤경은 너희도 보고 있는 바라 예루살렘 성이 황폐하고 성문이 불탔으니 자, 예루살렘 성을 건축하여 다시 수치를 당하지 말자 하고".

느헤미야는 유대인들에게 하나님의 의로운 손이 자기를 도와주신 일에 대해서 간증을 했다. 그리고 하나님께서 어떻게 아닥사스다 왕의 마음을 움직여 주셨는지와 자기가 기도할 때 하나님께서 어떻게 응답해 주셨는지에 대해서 간증을 했다. 그러자 유대인들이 느헤미야의 간증에 은혜를 받았다. 그래서 유대인들이 힘을 내어 성벽 공사에 참여하기로 결심한 것이다. 이렇게 해서 성벽 재건 공사를 시작할 수가 있게 된 것이다. 만일, 느헤미야가 의기소침해 있는 유다 백성들과 성벽 재건에 대해서 부정적인 백성들을 보면서 성벽 재건을 포기했더라면 성벽 재건의 비전을 성취하지 못했을 것이다. 그러므로 리더는 어떤 상황에서도 포기하지 않는 의지와 결단이 필요하다.

느헤미야는 어떤 리더였나?

느헤미야는 내려놓을 줄 아는 리더였다. 그는 예루살렘 성벽을 재건하는 비전을 이루기 위하여 페르시아 제국의 술 관원이란 높은 직책을 내려놓았다. 느헤미야는 비전과 열정의 리더였다. 그는 예루살렘 성벽 재건에 대한 비전을 품고 열정을 쏟아 부음으로 이 비전을 성취했다. 느헤미야는 포기하지 않는 리더였다. 그가 예루살렘 성벽을 재건하는 일을 추진할 때 수많은 장애물을 만났지만, 그는 결코 포기하지 않음으로 이 비전을 성취했다. 그러므로 우리가 이런 느헤미야의 리더십을 배워서 우리도 하나님의 비전을 성취하는 일에 쓰임 받는 좋은 리더가 되자.

적용과 나눔

1. 느헤미야를 생각할 때 가장 먼저 떠오르는 단어가 무엇인가?

2. 느헤미야는 내려놓을 줄 아는 리더, 비전과 열정을 소유한 리더, 결코 포기하지 않는 리더였다. 이런 느헤미야의 모습에서 내가 새롭게 깨달은 것이 무엇인가?

3. 느헤미야는 소중한 것을 내려놓을 줄 아는 사람이었다. 내가 과연 하나님을 위해서 내려놓은 것이 있다면 그것이 무엇인가?

4. 느헤미야와 같은 리더가 되기 위해서 내가 더 노력해야 할 것이 무엇인가?

5. 느헤미야와 같은 리더가 되기 위해서 기도하자.

에스더

7.모르드개가 자기가 당한 모든 일과 하만이 유다인을 멸하려고 왕의 금고에 바치기로 한 은의 정확한 액수를 하닥에게 말하고

8.또 유다인을 진멸하라고 수산 궁에서 내린 조서 초본을 하닥에게 주어 에스더에게 보여 알게 하고 또 그에게 부탁하여 왕에게 나아가서 그 앞에서 자기 민족을 위하여 간절히 구하라 하니

9.하닥이 돌아와 모르드개의 말을 에스더에게 알리매

10.에스더가 하닥에게 이르되 너는 모르드개에게 전하기를

11.왕의 신하들과 왕의 각 지방 백성이 다 알거니와 남녀를 막론하고 부름을 받지 아니하고 안뜰에 들어가서 왕에게 나아가면 오직 죽이는 법이요 왕이 그 자에게 금 규를 내밀어야 살 것이라 이제 내가 부름을 입어 왕에게 나아가지 못한 지가 이미 삼십 일이라 하라 하니라

12.그가 에스더의 말을 모르드개에게 전하매

13.모르드개가 그를 시켜 에스더에게 회답하되 너는 왕궁에 있으니 모든 유다인 중에 홀로 목숨을 건지리라 생각하지 말라

14.이 때에 네가 만일 잠잠하여 말이 없으면 유다인은 다른 데로 말미암아 놓임과 구원을 얻으려니와 너와 네 아버지 집은 멸망하리라 네가 왕후의 자리를 얻은 것이 이 때를 위함이 아닌지 누가 알겠느냐 하니

15.에스더가 모르드개에게 회답하여 이르되

16.당신은 가서 수산에 있는 유다인을 다 모으고 나를 위하여 금식하되 밤낮 삼 일을 먹지도 말고 마시지도 마소서 나도 나의 시녀와 더불어 이렇게 금식한 후에 규례를 어기고 왕에게 나아가리니 죽으면 죽으리이다 하니라

17.모르드개가 가서 에스더가 명령한 대로 다 행하니라.

에스더 4:7-17

CHAPTER 09

에스더
민족을 구원한 리더

찰스 스웹(Charles Swab)이란 사람은 초등학교 밖에 못 나온 사람으로 미국의 유명한 카네기 강철회사의 잡역부로 취직했다. 그런데, 그는 무슨 일이든지 맡은 일에 성실하게 최선을 다했다. 그는 매일 매일 공장의 구석구석을 자기 집처럼 깨끗이 정리하고 청소했다. 이런 그의 성실함이 인정을 받아 그는 얼마 후 정식 직원이 되었다. 정식 직원이 된 후에도 그는 이전과 똑같이 모든 일에 성실하게 최선을 다했다. 사람들은 그런 모습을 보면서 그를 비웃었지만, 카네기 사장은 그의 성실함에 감동을 받아 그를 자기의 비서로 특별 채용했다. 카네기 사장의 비서가 된 그는 이전보다 더욱 성실하게 최선을 다해 비서직을 수행했다.

강철왕 카네기가 은퇴할 때가 되자 사람들은 어떤 사람이 카네기의 후계자가 될 지에 관심을 기울였다. 사람들은 하버드 대학 출신이 후계자가 되거나 대기업이나 명문 가문의 자녀가 후계자가 될 것이라고 생각했다. 그러나 카네기는 이 회사의 잡역부로 들어왔다가 자기의 비서가 된 찰스 스웹을 자기 후계자로 지명함으로 전 세계를 놀라게 했다. 결국, 찰스 스웹은 카네기 강철회사에 잡역부로 들어왔다가 그 회사의 사장이 되는 역전의 주인공이 된 것이다.

에스더는 페르시아왕 아하수에로(BC.486-464)가 다스릴 때 수도 수산에 살고 있었다. 당시 아하수에로 왕은 왕명을 어긴 와스디 왕후를 폐위시키고, 새로운 왕후를 세웠는데 그가 바로 에스더였다. 그러므로 에스더는 하루아침에 포로에서 왕후가 되는 역전의 주인공이 된 것이다. 도대체 에스더가 어떤 사람이기에 하나님께서 그를 선택하여 페르시아 제국의 왕후로 사용하신 것일까?

1. 역전의 인생을 산 리더

에스더는 어렸을 때 부모를 잃고 고아로 성장한 불쌍한 사람이다.

> 에스더 2:7 "그의 삼촌의 딸 하닷사 곧 에스더는 부모가 없었으나 용모가 곱고 아리따운 처녀라 그의 부모가 죽은 후에 모르드개가 자기 딸같이 양육하더라".

에스더는 고아였지만, 얼굴이 아주 곱고 예쁜 처녀였다. 그리고 그의 삼촌 모르드개는 에스더를 딸처럼 잘 양육했다(에스더 2:5-7). 모르드개는 페르시아 제국의 수도인 수산성에 살면서 관리의 역할을 했다. 어느날 삼촌 모르드개는 페르시아 왕후를 선발한다는 소식을 듣고 에스더에게 왕후 선발대회에 참여하라고 권면을 했다. 그리하여 에스더는 1년간의 준비 과정을 거쳐 왕후 선발대회에 나가게 되었는데, 놀랍게도 에스더가 페르시아의 왕후로 선발되었다. 고아였던 에스더가 하루아침에 포로의 신분에서 왕후가 되었으니 에스더는 "역전의 인생을 산 리더"가 된 것이다. 이 모든 것이 하나님의 은혜였다.

요셉도 "역전의 인생을 산 리더"이다. 요셉은 자기를 미워하는 형들에게 팔려가서 애굽의 종이 되었다. 요셉은 보디발 장군의 집에서 열심히 일을 해서 인정을 받았다. 그리하여 보디발 장군 집의 전체 살림을 주관하는 가정 총무가 되었다. 그러나 얼마 후에 요셉은 보디발 장군의 아내에게 모함을 받아 감옥에 갇히게 되었다. 그런데, 요셉은 감옥에서 술 관원장의 꿈을 정확하게 해몽했고, 이 일이 계기가 되어 나중에 바로왕의 꿈을 해몽함으로 애굽의 총리가 되었다. 그러므로 요셉은 애굽의 종 신분에서 애굽의 총리가 되는 역전의 리더가 된 것이다. 성경은 요셉이 역전의 리더가 될 수 있었던 것이 "그가 하나님과 함께 했기 때문"(창39:2,21)이라고 증거한다. 따라서 우리가 하나님과 함께 하는 삶을 살아간다면 우리도 역전의 리더로 쓰임 받게 될 것이다.

다윗도 "역전의 인생을 산 리더"이다. 다윗은 양을 치던 목동이었다. 그런데, 어느 날 블레셋의 장수 골리앗을 물리치면서 다윗은 국가적인 영웅이 되었다. 그리고 이 일로 인하여 다윗은 이스라엘의 왕이 되었다. 그러므로 다윗은 이스라엘의 목동에서 이스라엘의 왕이 되는 역전의 리더가 된 것이다. 다윗이 역전의 리더가 될 수 있었던 것은 "그가 하나님과 함께 하는 삶을 살았기 때문"(삼하5:10)이다. 따라서 우리가 하나님과 함께 하는 삶을 살아간다면 우리도 역전의 리더로 쓰임 받게 될 것이다.

다니엘도 "역전의 인생을 산 리더"이다. 다니엘은 바벨론 포로기 때 잡혀간 유대인 포로 중에 한 사람이었는데, 그가 바벨론 왕 느브갓네살의 꿈을 해몽함으로 바벨론의 총리가 되었다. 결국, 다니엘도 바벨론 포로에서 바벨론 총리가 되는 역전의 리더가 된 것이다. 다니엘이 역전의 리더가 될 수 있었던 것은 그가 꿈을 해몽하는 지혜로운 리더였고, 또한 죽음 앞에서도 기도를 포기하지 않는 기도의 리더였기 때문이다. 그러므로 우리가 기도하는 일에 힘쓴다면 우리도 역전의 인생을 사는 리더가 될 것이다.

2. 결단력이 있는 리더

에스더의 삼촌 모르드개는 당시 페르시아 제국의 실권자인 하만에게 경배하는 것을 거부했다. 모르드개는 하나님의 율법을 지키기 위해서 하만에게 무릎을 꿇지도 경배하지도 않았다. 그리고 이 일로 인하여 화가 난 하만은 모르드개를 죽이기로 결심했다. 그런데 나중에 하만은 모르드개가 유대인이고,

그가 신앙 때문에 자기에게 절을 하지 않는다는 것을 알고 모르드개 뿐만 아니라 페르시아 땅에 거주하는 모든 유대인들을 죽이기로 결심했다. 당시 하만은 아하수에로 왕의 절대적인 신임을 얻고 있었기 때문에 그가 원하는 일은 무엇이든지 할 수가 있었다. 결국 하만의 계략으로 페르시아 땅에 거주하는 모든 유대인들이 죽게 될 위기를 만나게 되었다. 이 때 모르드개가 에스더 왕후에게 도움을 청했다.

> 에스더 4:14 "이때에 네가 만일 잠잠하여 말이 없으면 유다인은 다른 데로 말미암아 놓임과 구원을 얻으려니와 너와 네 아버지 집은 멸망하리라 네가 왕후의 자리를 얻은 것이 이때를 위함이 아닌지 누가 알겠느냐 하니".

모르드개는 유대 민족이 큰 위기를 만났을 때 이 위기를 해결할 수 있는 사람은 오직 에스더 밖에 없다는 것을 누구보다 잘 알고 있었다. 그래서 모르드개는 에스더를 찾아가서 그에게 도움을 청했다. 그런데, 당시 페르시아 왕궁의 법은 왕후라고 할지라도 왕이 부르기 전에는 절대로 왕에게 갈 수가 없었다. 더군다나 에스더는 지난 30일 동안 왕의 부름을 받지를 못한 상태였다. 따라서 에스더는 왕을 만나서 위기에 빠진 유대인들을 구해달라고 부탁할 수가 없다고 모르드개에게 답변했다. 그러자 모르드개는 "네가 왕후의 위를 얻은 것이 이때를 위함인지 누가 아는가?"라고 말하면서 에스더의 결단을 촉구했다. 이렇게 해서 페르시아 땅에 거주하는 모든 유대인들의 운명이 에스더의 손에 달리게 되었다.

이런 상황에서 에스더는 깊은 고민에 빠지게 되었다. 왕궁의 법을 어기고 왕을 찾아가는 것은 목숨을 걸어야 하는 힘든 일이었다. 그렇다고 해서 모르드개의 말을 무시했다가는 모든 유대인들이 처형당할 것이다. 결국 에스더는 하나님께 기도하기로 작정했다. 에스더는 페르시아에 거주하는 모든 유대인들에게 자신을 위하여 3일 동안 밤낮으로 금식하며 기도해줄 것을 부탁했다. 그리고 에스더 자신도 3일 동안 금식하며 기도했다. 3일 금식기도가 끝났을 때 에스더는 중대한 결단을 내렸다.

> 에스더 4:16 "당신은 가서 수산에 있는 유다인을 다 모으고 나를 위하여 금식하되 밤낮 삼 일을 먹지도 말고 마시지도 마소서 나도 시녀와 더불어 이렇게 금식한 후에 규례를 어기고 왕에게 나아가리니 죽으면 죽으리이다 하니라".

기도를 마친 후 에스더는 왕궁의 법을 어기고 왕에게로 나아가기로 결단했다. 에스더는 "죽으면 죽으리이다"라고 결단하면서 죽기를 각오하고 왕에게로 나아갔다. 이것이 바로 에스더의 "결단력이 있는 리더십"이다. 이런 결단력 있는 리더십이 에스더를 좋은 리더가 되게 만든 것이다.

2014년 4월 16일에 승객 476명을 태우고 인천을 출발하여 제주도로 가던 세월호가 진도 앞바다에서 침몰했다. 이때 세월호 선장은 결단력 있는 모습을 보여주지 못했다. 선장은 배가 침몰할 때 승객들에게 배에서 빨리 탈출하라는 대피 명령을 내리지 않았다. 그러면서 선장 본인은 몰래 배를 탈출했다. 배가 침몰할 때 선장이 신속하게 배의 위기상황을 알리고 승객들에게 탈출을 지시했더라면 분명히 더 많은 생명을 살릴 수 있었을 것이다. 그러나 배의 리더인 선장의 무책임한 행동 때문에 304명의 소중한 생명을 잃게 되었다. 무책임하고 결단력 없는 선장의 리더십 때문에 승객 304명이 희생을 당한 것이다.

1912년 4월 15일 승객 2,224명을 태운 영국의 초호화 유람선 타이타닉호가 빙산과 충돌해 침몰했다. 이때 타이타닉호 선장은 결단력 있는 모습을 보여 주었다. 선장은 배에 있던 구조선에 승객들을 태워서 탈출시켰다. 그리고 선장 본인은 끝까지 배의 키를 붙잡은 채 물 속으로 가라앉았다. 타이타닉호가 침몰함으로 1,514명의 수많은 생명을 잃었지만, 그럼에도 불구하고 선장의 결단력 있는 행동으로 710명의 소중한 생명을 살릴 수가 있었던 것이다. 그러므로 리더 한 사람의 결단이 매우 중요하다.

만일 에스더가 "죽으면 죽으리라"는 결단을 하지 않았더라면 어떻게 되었을까? 에스더 본인은 살 수 있었겠지만 페르시아에 거주하는 유대인들은 모두 죽음을 면치 못했을 것이다. 그러므로 에스더 한 사람의 결단이 수많은 생명을 살린 것이다.

우리도 중대한 결단을 해야 할 상황에 놓일 수 있을 것이다. 그때 나 혼자만의 이익을 위해서 내게 유익한 쪽으로 결단을 내리는 사람이 아니라 다른 사람과 공동체에 유익이 되도록 결단하는 사람이 되도록 하자. 이것이 리더의 올바른 선택이요 결단인 것이다.

3. 민족을 구원한 리더

하만 장군의 음모로 페르시아 땅에 거주하던 모든 유대인들이 죽음의 위기에 처하게 되었다. 이때 에스더 왕후는 "죽으면 죽으리이다"라는 결단을 하고 아하수에로 왕을 찾아갔다. 당시 하만의 음모로 모든 유대인이 죽게 될지라도 에스더는 왕후이기 때문에 죽음을 피할 수가 있었다. 하지만, 에스더는 자기 민족이 몰살당할 위기에 처했을 때 자기 혼자만 살려고 하지 않았다. 오히려 에스더는 "비록 자기는 죽더라도 민족을 살리겠다"는 결단을 하고 아하수에로 왕을 찾아갔다. 이런 에스더의 결단이 결국 유대 민족을 구원하게 된 것이다. 그러므로 에스더는 "민족을 구원한 리더"이다.

에스더는 왕후의 예복을 곱게 차려입고 왕을 찾아갔다. 이때 왕이 에스더를 보면서 금 규를 내밀어 에스더를 맞아 주었다(에스더5:2). 이렇게 해서 에스더가 처형을 당하지 않고 왕을 만나게 되었다. 그리고 왕과의 만남을 통해 하만의 음모를 무너뜨리고 모든 유대인을 구원하게 되었다.

에스더 9:22 "이 달 이 날에 유다인들이 대적에게서 벗어나서 평안함을 얻어 슬픔이 변하여 기쁨이 되고 애통이 변하여 길한 날이 되었으니 이 두 날을 지켜 잔치를 베풀고 즐기며 서로 예물을 주며 가난한 자를 구제하라 하매".

에스더의 결단력 있는 행동으로 모든 유대인들이 죽음의 위기에서 벗어나게 되었다. 유대인들은 슬픔이 변하여 기쁨이 되고, 애통이 변하여 길한 날이 된 것을 기념하여 잔치를 베풀었다. 그리고 이 날을 '부림절'로 정하여 해마다 지키게 되었다. 부림절은 위기에 처한 유대인들이 하나님께 금식하며 기도했을 때 하나님께서 에스더를 통해 유대 민족을 구원하신 날을 기념하는 날이다. 결국, 에스더는 "민족을 구원한 리더"로 사용된 것이다.

에스더는 모세와 같이 하나님의 부르심을 받은 지도자가 아니다. 그는 모세처럼 광야에서 훈련받은 사역자도 아니다. 그는 느헤미야처럼 능력 있는 사람도 아니다. 어쩌면 에스더는 연약한 한 여성에 불과하다. 하지만, 에스더는 자기 민족이 위기에 처했을 때 이를 외면하지 않았다. 그리고 위기에 처한 민족을 살리기 위해서 간절히 기도했다. 이 때 하나님은 에스더에게 용기를 주셨고 에스더를 통하여 유대 민족을 구원하는 길을 열어주셨다. 그러므로 에스더는 "민족을 구원한 리더"로 쓰임 받은 것이다.

에스더는 어떤 리더였나?

에스더는 역전의 인생을 산 리더였다. 페르시야 제국의 포로였던 그는 나중에 페르시아 제국의 왕후가 되는 역전의 주인공이 되었다. 에스더는 결단력이 있는 리더였다. 그는 자기 민족이 죽음의 위기에 처했을 때 목숨을 걸고 "죽으면 죽으리이다"는 결단을 하고 아하수에로 왕을 찾아갔다. 에스더는 민족을 구원한 리더였다. 그는 위기에 처한 자기 민족을 위해 자기의 생명을 바쳐 민족을 구원한 애국자였다. 그러므로 우리가 이런 에스더의 리더십을 배워서 우리도 나라와 민족을 위해 쓰임 받는 좋은 리더가 되자.

적용과 나눔

1. 에스더를 생각할 때 가장 먼저 떠오르는 단어가 무엇인가?

2. 에스더는 역전의 인생을 사는 리더, 결단력이 있는 리더, 민족을 구원하는 여성 리더였다. 이런 에스더의 모습에서 내가 깨달은 것이 무엇인가?

3. 에스더는 민족이 위기에 처했을 때 "죽으면 죽으리이다"는 위대한 결단을 내렸다. 내가 지금까지 내린 최고의 결단은 무엇인가?

4. 에스더와 같은 리더가 되기 위해서 내가 더 노력해야 할 것이 무엇인가?

5. 에스더와 같은 리더가 되기 위해서 기도하자.

다니엘

8.다니엘은 뜻을 정하여 왕의 음식과 그가 마시는 포도주로 자기를 더럽히지 아니하리라 하고 자기를 더럽히지 아니하도록 환관장에게 구하니

9.하나님이 다니엘로 하여금 환관장에게 은혜와 긍휼을 얻게 하신지라

10.환관장이 다니엘에게 이르되 내가 내 주 왕을 두려워하노라 그가 너희 먹을 것과 너희 마실 것을 지정하셨거늘 너희의 얼굴이 초췌하여 같은 또래의 소년들만 못한 것을 그가 보게 할 것이 무엇이냐 그렇게 되면 너희 때문에 내 머리가 왕 앞에서 위태롭게 되리라 하니라

11.환관장이 다니엘과 하나냐와 미사엘과 아사랴를 감독하게 한 자에게 다니엘이 말하되

12.청하오니 당신의 종들을 열흘 동안 시험하여 채식을 주어 먹게 하고 물을 주어 마시게 한 후에

13.당신 앞에서 우리의 얼굴과 왕의 음식을 먹는 소년들의 얼굴을 비교하여 보아서 당신이 보는 대로 종들에게 행하소서 하매

14.그가 그들의 말을 따라 열흘 동안 시험하더니

15.열흘 후에 그들의 얼굴이 더욱 아름답고 살이 더욱 윤택하여 왕의 음식을 먹는 다른 소년들보다 더 좋아 보인지라

16.그리하여 감독하는 자가 그들에게 지정된 음식과 마실 포도주를 제하고 채식을 주니라

17.하나님이 이 네 소년에게 학문을 주시고 모든 서적을 깨닫게 하시고 지혜를 주셨으니 다니엘은 또 모든 환상과 꿈을 깨달아 알더라

18.왕이 말한 대로 그들을 불러들일 기한이 찼으므로 환관장이 그들을 느부갓네살 앞으로 데리고 가니

19.왕이 그들과 말하여 보매 무리 중에 다니엘과 하나냐와 미사엘과 아사랴와 같은 자가 없으므로 그들을 왕 앞에 서게 하고

20.왕이 그들에게 모든 일을 묻는 중에 그 지혜와 총명이 온 나라 박수와 술객보다 십 배나 나은 줄을 아니라.

21.다니엘은 고레스 왕 원년까지 있으니라.

다니엘 1:8-21

CHAPTER 10

다니엘
하나님 중심에 선 리더

잭 웰치(Jack Welch)가 1981년에 제너럴 일렉트릭사(GE)의 리더가 되었을 때 그 회사는 물론 좋은 회사였다. 이 회사는 역사가 90년이 되었고, 350개의 사업체를 포함하는 거대하고 다양한 회사였다. 그러나 웰치는 그 회사가 더 좋아질 수 있다고 믿었다. 그는 회사의 350개 사업체 중에서 세계 시장에서 1위나 2위를 할 수 없는 것은 과감히 문을 닫았다.

이렇게 사업체를 정리하여 100억 달러의 자금을 모았고, 이 돈을 포함하여 180억 달러의 자금을 남아있는 사업체에 투자했다. 그 결과 1989년에 남아 있던 14개의 사업체는 세계 수준급의 사업체가 되었다.

그가 재직한 이래로 제너럴 일렉트릭사의 순 가치는 계속해서 상승하여 제너럴 일렉트릭사는 이 나라에서 가장 칭찬받는 회사가 되었고, 2,500억 달러 이상의 자본금을 가진 이 세상에서 가장 값비싼 기업체가 되었다. 무엇이 제너럴 일렉트릭사를 이 세상에서 가장 우수한 회사로 만들었는가? 이것은 바로 웰치의 리더십의 능력 때문이다.

그는 "가장 위대한 성공은 참으로 중요한 일에 자신의 사람들을 집중시킬 때 가능하다는 것"을 알고 있었다. 그는 우선순위를 정하여 중요한 일에 집중함으로 큰 성공을 거두었다.

다니엘은 바벨론에 포로로 잡혀간 유대인 포로였으나 나중에 그의 능력을 인정받아 바벨론의 총리가 되었다. 도대체 다니엘이 어떤 리더이기에 하나님께서 다니엘을 선택하여 그를 크게 사용하신 것일까?

1. 구별된 삶을 사는 리더

남 유다는 기원전 586년에 바벨론 제국에게 멸망을 당했다. 바벨론은 남 유다를 정복한 후에 유대인들을 3차에 걸쳐 포로로 잡아갔는데, 1차 포로로 잡혀간 사람 중에 다니엘이 포함되어 있었다.

당시 바벨론의 느부갓네살 왕은 포로 중에서 똑똑하고 능력 있는 사람을 선발하여 3년 동안 교육을 시켜서 인재로 활용하는 독특한 정책을 펼쳤다. 느부갓네살 왕은 선발된 교육생들에게는 왕의 음식과 왕이 마시는 포도주를 먹는 특혜도 주었다. 이 교육생 중에 다니엘이 포함되어 있었다.

다니엘은 바벨론에 잡혀간 다른 포로들은 감히 상상할 수도 없는 특별한 대우를 받았다. 하지만, 다니엘은 이런 특혜를 포기하고 구별될 삶을 살기로 결심했다. 이런 점에서 다니엘은 "구별된 삶을 사는 리더"였다.

> 다니엘 1:8 "다니엘은 뜻을 정하여 왕의 음식과 그가 마시는 포도주로 자기를 더럽히지 아니하리라 하고 자기를 더럽히지 아니하도록 환관장에게 구하니".

다니엘이 세운 뜻은 왕이 먹는 음식과 포도주를 먹지 않는 것이었다. 당시 대부분의 고기는 우상에게 제물로 바쳐졌던 것들이다. 따라서 다니엘은 하나님의 백성으로서 자기의 거룩함을 유지하고, 또 구별된 삶을 살기 위해서 부정한 음식을 먹지 않기로 결심한 것이다.

결국 다니엘은 왕의 음식과 왕의 포도주로 자기를 더럽히지 않기 위해서 환관장에게 채식만을 먹겠다고 부탁했다. 놀라운 사실은 다니엘이 이렇게 뜻을 세우고 결단했을 때 그가 채소만 먹어도 고기를 먹는 사람보다 얼굴이 훨씬 아름답고 좋아 보였다는 것이다. 이처럼 하나님은 구별된 삶을 살고자 애쓰는 사람에게 은혜를 베풀어 주신다.

출애굽한 이스라엘 백성들은 40년 동안 광야생활을 했다. 하나님은 40년 동안의 광야생활을 통해 이스라엘 백성들을 거룩하고 구별된 백성으로 훈련하셨다. 하나님은 매일매일 기적의 음식인 만나를 내려주셨고, 이스라엘 백성들은 만나를 먹으면서 광야를 행진했다. 광야생활은 하나님께서 이스라엘을 거룩하고 구별되게 훈련하는 과정이었다. 하지만, 이스라엘 백성들은 광야생활 도중에 하나님의 뜻에 순종하기보다 불평하거나 원망할 때가 많았다.

이런 이유 때문에 이스라엘 백성들은 광야에서 더 오랜 기간 동안 훈련을 받을 수밖에 없었다.

교회를 다니는 사람을 "성도"(聖徒)라고 부른다. "성도"라는 말의 의미는 "거룩한 무리"라는 뜻이다. 교회를 다니는 사람은 "거룩하고 구별되어야 한다"는 뜻이다. 기독교인이 믿지 않는 사람들과 구별되는 최고의 구별은 "주일 성수"이다. 믿지 않는 사람들에게 있어서 주일은 단지 공휴일이요 쉬는 날이다.

그러나, 기독교인들에게 있어서 주일은 하나님께 예배하는 특별한 날이다. 따라서 기독교인들은 "주일 성수"에 최우선권을 두고, 주일을 거룩하게 지켜야 한다. 그리고 세상에서 "구별된 삶을 사는 리더"가 되어야 한다. 그래야 하나님께 쓰임 받을 수가 있다.

2. 하나님 중심의 신앙을 가진 리더

다니엘을 미워하고 시기하던 바벨론의 방백들은 다니엘의 세 친구를 죽이기 위하여 "금으로 만든 신상에게 절하지 않으면 풀무불에 던져 넣는다"는 법을 만들었다. 그런데, 다니엘의 세 친구는 죽음 앞에서도 결코 금 신상에게 절하지 않았다. 결국 다니엘의 세 친구는 풀무불 속에 던져지게 되었다. 다니엘의 세 친구를 아끼던 느부갓네살 왕은 "지금이라도 금 신상에게 절한다면 용서해주겠다"고 하면서 그들을 설득했다. 이때 다니엘의 세 친구가 유명한 고백을 했다.

> 다니엘 3:17-18 "왕이여 우리가 섬기는 하나님이 계시다면 우리를 맹렬히 타는 풀무불 가운데에서 능히 건져내시겠고 왕의 손에서도 건져내시리이다 그렇게 하지 아니하실지라도 왕이여 우리가 왕의 신들을 섬기지도 아니하고 왕이 세우신 금 신상에게 절하지도 아니할 줄을 아옵소서".

다니엘의 세 친구는 정말로 하나님 중심의 신앙을 갖고 있었다. 그들은 하나님께서 자기들을 풀무불 가운데서 능히 건져내실 것을 믿었다. 또한 그들은 비록 하나님께서 그렇게 하지 않을지라도 결단코 금 신상에게 절을 하지 않겠다고 고백했다. 결국, 다니엘의 세 친구는 풀무불 속에 던져지게 되었다. 그러나 그들은 결코 죽지 않았다. 왜냐하면 하나님께서 그들을 지켜주셨기 때문이다.

다니엘은 세 명의 친구들 보다 더욱 확고한 신앙을 갖고 있었다. 다니엘이 죽음 앞에서도 우상을 숭배하지 않으며, 기도를 포기하지 않는 것을 볼 때 그가 "하나님 중심의 신앙을 가진 리더"인 것을 알 수 있다.

벨사살 왕의 뒤를 이어 다리오가 바벨론의 왕이 되었다(단 5:30-31). 다리오 왕은 고관 120명을 세워서 전국을 통치하고, 그들 위에 총리 셋을 두어서 나라를 다스리게 했다. 그런데, 이 세 명의 총리 가운데 한 사람이 다니엘이었다. 다리오 왕은 다니엘이 워낙 똑똑하고 유능했기 때문에 다니엘을 총리들과 방백들 위에 세워 나라를 다스리게 할 계획이었다. 그러자 총리들과 고관들이 다니엘을 미워하기 시작했다. 그리고 그들은 다니엘을 죽이기 위해서 희한한 법을 만들었다.

이 법은 "30일 동안 왕 이외에 어떤 신이나 사람에게 기도하면 사자굴 속에 던져 넣는다"는 법이었다. 이 법은 즉시 바벨론 전국에 선포되었으며, 앞으로 30일 동안 왕 이외에 다른 신에게 기도하면 누구든지 죽을 수밖에 없게 되었다. 이 법이 선포되었을 때 다니엘이 어떤 행동을 취했는가?

> 다니엘 6:10 "다니엘이 이 조서에 왕의 도장이 찍힌 것을 알고도 자기 집에 돌아가서는 윗방에 올라가 예루살렘으로 향한 창문을 열고 전에 하던 대로 하루 세 번씩 무릎을 꿇고 기도하며 그의 하나님께 감사하였더라".

왕의 조서가 공포되었기 때문에 누구든지 기도를 하면 사자굴 속에 던져져서 사자 밥이 될 수밖에 없었다. 만일 우리가 이런 상황에 놓이게 된다면 우리는 과연 어떻게 할까?

"하나님. 살기 위해서는 어쩔 수가 없습니다".
"하나님. 한 달만 봐주세요. 한 달만 쉬고 다시 기도하겠습니다."

이것이 바로 우리들의 모습이 아닐까? 그런데, 다니엘은 달랐다. 다니엘은 이전처럼 하루에 세 번씩 계속해서 기도를 했다. 그는 죽음 앞에서도 결코 타협하거나 기도생활을 포기하지 않았다. 그러므로 다니엘은 "하나님 중심의 신앙을 가진 리더"임을 알 수 있다.

이 세상에서 신앙을 잘 지키기 위해서는 다니엘 같은 믿음이 필요하다. 이런 믿음이 있어야 환란과 핍박 속에서도 믿음을 지킬 수 있다. 육신의 정욕과 안목의 정욕과 이생의 자랑을 어떻게 이길 수가 있겠는가? 수많은 이단의 유혹을 어떻게 이길 수가 있겠는가? 다니엘처럼 하나님 중심의 신앙을 소유해야만 세상과 이단을 이길 수 있다. 다니엘처럼 하나님 중심의 신앙을 소유해야만 좋은 리더로 쓰임 받을 수 있다.

3. 탁월한 지혜를 가진 리더

다니엘은 하나님이 주신 탁월한 지혜를 가지고 있었다. 다니엘이 바벨론에 포로로 잡혀간 포로임에도 불구하고 그가 바벨론의 총리가 될 수 있었던 것은 그에게 탁월한 지혜가 있었기 때문이다.

> 다니엘 1:20 "왕이 그들에게 모든 일을 묻는 중에 그 지혜와 총명이 온 나라 박수와 술객보다 십 배나 나은 줄을 아니라".

느부갓네살 왕은 다니엘이 "탁월한 지혜를 가진 리더"인 것을 잘 알고 있었다. 느브갓네살 왕은 다니엘의 지혜와 총명이 바벨론에 있는 모든 박수와 술객들보다도 열 배나 더 뛰어난 것을 잘 알고 있었다. 그렇기 때문에 다니엘이 포로임에도 불구하고 그를 바벨론의 총리로 세운 것이다.

다니엘은 느부갓네살 왕의 꿈을 두 번이나 정확히 해몽함으로 왕에게 인정받아 바벨론 온 지방을 다스리게 되었다. 느부갓네살 왕의 뒤를 이어 바벨론의 왕이 된 벨사살 왕은 귀족 천 명과 더불어 큰 잔치를 베풀고, 선친 느부갓네살 왕이 탈취해 온 예루살렘 성전의 기물로 술을 마시고 있었다.

그런데, 이때 벽에 사람의 손가락이 나타나더니 이상한 글씨를 썼다. 그래서 벨사살 왕은 이 글을 해석하는 자에게 나라의 세 번째 통치자로 삼겠다고 약속을 했다. 하지만, 이 글을 해석하는 사람이 아무도 없었다.

 결국 다니엘이 왕의 부름을 받아 왕 앞에서 이 글을 해석함으로 바벨론의 세 번째 통치자가 되었다(다니엘 5:29). 결국, 다니엘은 탁월한 지혜를 갖고 있었기 때문에 포로임에도 불구하고 총리가 되어서 존귀함을 받고 크게 쓰임을 받게 되었다.
 다니엘이 갖고 있던 탁월한 지혜는 하나님이 주신 것이다. 다니엘은 기도에 비전을 두고 매일 하나님께 기도했던 기도의 사람이다. 다니엘이 죽음 앞에서도 결코 포기하지 않고 하루에 세 번씩 하나님께 기도하는 삶을 살아갈 때 하나님께서 다니엘에게 탁월한 지혜를 주신 것이다. 그리고 다니엘은 하나님이 주신 지혜로 총리의 역할을 잘 수행했다. 그러므로 지혜로운 리더가 되려면 매일 기도해야 한다.

다니엘은 어떤 리더였나?

다니엘은 구별된 삶을 사는 리더였다. 그는 구별된 삶을 살기 위하여 뜻을 세우고 실천했다. 다니엘은 하나님 중심의 신앙을 가진 리더였다. 그는 죽음 앞에서도 결코 굴하거나 타협하지 않고 믿음을 지켰다. 다니엘은 탁월한 지혜를 가진 리더였다. 그의 지혜는 바벨론의 모든 박수와 술객들 보다 열 배나 더 뛰어났다. 그렇기 때문에 그가 바벨론에 끌려간 포로임에도 불구하고 바벨론 총리로 쓰임 받게 된 것이다. 그러므로 우리가 이런 다니엘의 리더십을 배워서 우리도 하나님 중심의 삶을 살면서 하나님께 쓰임 받는 좋은 리더가 되자.

적용과 나눔

1. 다니엘을 생각할 때 가장 먼저 떠오르는 단어가 무엇인가?

2. 다니엘은 구별된 삶을 사는 리더, 하나님 중심의 신앙을 가진 리더, 탁월한 지혜를 가진 리더였다. 이런 다니엘의 모습을 통해 내가 새롭게 깨달은 것이 무엇인가?

3. 다니엘은 특별한 혜택을 마음껏 누릴 수 있었으나 구별된 삶을 살기 위해서 특별한 혜택을 모두 포기했다. 내가 구별된 삶을 살기 위해서 지금까지 포기한 것이 무엇인가?

4. 다니엘과 같은 리더가 되기 위해서 내가 더 노력해야 할 것이 무엇인가?

5. 다니엘과 같은 리더가 되기 위해서 기도하자.

3

신약의
리더와 리더십

베드로

13.예수께서 빌립보 가이사랴 지방에 이르러 제자들에게 물어 이르시되 사람들이 인자를 누구라 하느냐

14.이르되 더러는 세례 요한, 더러는 엘리야, 어떤 이는 예레미야나 선지자 중의 하나라 하나이다

15.이르시되 너희는 나를 누구라 하느냐

16.시몬 베드로가 대답하여 이르되 주는 그리스도시요 살아 계신 하나님의 아들이시니이다

17.예수께서 대답하여 이르시되 바요나 시몬아 네가 복이 있도다 이를 네게 알게 한 이는 혈육이 아니요 하늘에 계신 내 아버지시니라

18.또 내가 네게 이르노니 너는 베드로라 내가 이 반석 위에 내 교회를 세우리니 음부의 권세가 이기지 못하리라

19.내가 천국 열쇠를 네게 주리니 네가 땅에서 무엇이든지 매면 하늘에서도 매일 것이요 네가 땅에서 무엇이든지 풀면 하늘에서도 풀리리라 하시고

20.이에 제자들에게 경고하사 자기가 그리스도인 것을 아무에게도 이르지 말라 하시니라.

마태복음 16:13-20

CHAPTER 01

베드로
열정의 리더

1991년 3월에 나는 장교 훈련을 받기 위해서 진주 공군교육사령부로 내려갔다. 그곳에 모인 500여명의 사관후보생들 중에는 나처럼 대학원 공부를 하다가 입대한 사람도 있고, 유학을 마치고 입대한 사람도 있고, 직장생활을 하다가 입대한 사람도 있었다. 그러다보니 후보생들은 대부분 평범한 청년들처럼 보였다. 그런데, 교육사령부에 입소한 후보생들이 머리를 깎고, 군복으로 갈아입고 나니 그제서야 제법 군인처럼 보였다.

나는 공군교육사령부에서 4개월 동안 고된 장교 훈련을 마치고 1991년 8월 1일에 공군 소위로 임관을 했다. 임관식 날 장교 제복을 입고 소위 계급장을 단 동기생들의 늠름한 모습을 보면서 나는 4개월 동안 받은 장교 훈련이 동기생들을 멋진 장교로 바꿔놓은 것을 알게 되었다. 나는 장교 훈련을 받으면서 "장교는 훈련을 통해 만들어진다"는 것을 절실히 깨닫게 되었다.

에디슨은 "천재는 99%의 땀과 1%의 영감으로 만들어진다"고 말했다. 이 말은 "천재는 태어나는 것이 아니라 만들어진다"는 뜻이다. 리더십 전문가인 존 맥스웰 박사도 "리더는 선천적으로 태어나는 것이 아니라 학습을 통해 후천적으로 만들어진다"고 말했다. 그러므로 누구든지 배우고 훈련하기만 하면 좋은 리더가 될 수 있는 것이다.

베드로는 선천적으로 타고난 리더가 아니라 후천적으로 습득된 리더이다. 베드로는 평범한 어부였는데, 예수님을 만나서 예수님의 수제자가 되었고 초대교회를 세우는 탁월한 리더로 성장하게 되었다. 도대체 베드로가 어떤 리더이기에 하나님께서 그를 선택하여 초대교회 최고의 리더로 사용하신 것일까?

1. 성장하는 리더

베드로에게는 안드레라는 친동생이 있었다. 베드로는 동생 안드레에게 전도를 받아서 동생보다 늦게 신앙생활을 시작했다(요1:35~42). 그런데, 동생의 전도로 신앙을 갖게 된 베드로의 신앙은 빠르게 성장했다. 그리하여 베드로는 예수님의 수제자가 되었고 초대교회의 최고 리더가 되었다. 정말로 베드로는 나중 된 자로서 먼저 되는 성장을 이룬 것이다. 그러므로 베드로는 "성장하는 리더"이다. 베드로는 늦게 신앙생활을 한 사람도 얼마든지 성장할 수 있다는 소망을 갖게 하는 사람이다.

베드로는 원래 성격이 급하고 변덕이 심한 사람이었다. 그런데, 예수님의 제자가 된 후에 베드로는 점점 변화되기 시작했다. 무엇보다 베드로는 자기를 주장하던 사람에서 순종하는 사람으로 변화되었다. 어느날 베드로가 밤새도록 그물을 던졌지만 한 마리의 고기도 잡지를 못한 채 물가로 나와서 그물을 씻고 있었다.

이 때 예수님께서 "깊은 데로 가서 그물을 내려 고기를 잡으라"(눅5:4) 고 말씀하셨다. 베드로는 갈릴리 호수에서 고기를 잡는 데 있어서는 누구에게 뒤지지 않는 베테랑 어부였다. 그리고 베드로는 깊은 곳에는 고기가 없다는 것을 누구보다 잘 알고 있었다. 그런데, 이런 상황에서 베드로는 다음과 같이 예수님의 말씀에 순종했다.

> **누가복음 5:5** "시몬이 대답하여 이르되 선생님 우리들이 밤이 새도록 수고하였으되 잡은 것이 없지마는 말씀에 의지하여 내가 그물을 내리리이다 하고".

베드로가 예수님의 말씀에 순종하여 깊은 곳에 그물을 내렸을 때 그물이 찢어질 정도로 많은 고기가 잡혔다. 그러므로 성질이 급하고 자기주장이 강했던 베드로가 예수님을 만나면서 순종하는 사람으로 변화된 것이다. 이것이 바로 베드로의 성장이다. 원래 베드로는 갈릴리 호수에서 "고기를 잡는 어부"였다. 그런데, 나중에 베드로는 "사람을 낚는 어부"로 성장했다. 고기를 잡던 어부가 영혼을 구원하는 사람을 낚는 어부로 성장했으니 얼마나 놀라운 성장인가?

베드로는 예수님께서 로마병정들에게 체포될 때에 예수님을 세 번씩이나 부인했던 사람이다. 그런데, 그런 베드로가 나중에는 예수님을 증거하다가 순교의 제물이 되었다. 기독교 전설에 의하면 베드로는 십자가에 거꾸로 매달려 순교했다고 한다. 예수님께서 체포될 때 두려움 때문에 "나는 예수님을 모른다"고 세 번씩이나 부인했던 베드로가 십자가에 거꾸로 매

달려 순교할 정도로 베드로의 신앙이 크게 성장한 것이다. 그러므로 베드로는 "성장하는 리더"임을 알게 된다.

리더는 계속해서 성장해야 한다. 이를 위하여 리더는 "평생 학습자"가 되어야 한다. 리더는 성공을 통해서도 배워야 하고, 실패를 통해서도 배워야 한다. 리더는 이 세상에서 살아가는 동안 일평생 배움을 통해 계속 성장해야만 한다. 그래야 좋은 리더로 쓰임 받을 수 있다.

2. 열정적인 리더

성공하는 리더들의 공통점 중에 하나가 그들의 "열정"이다. 그들이 성공하는 이유는 열정적으로 일하기 때문이다. 오래전에 텔레비전에서 본 광고 중에 아주 인상적인 광고 멘트가 있다.

"대륙의 정복자 징기스칸. 그에게 열정이 없었더라면 그는 단지 양치기에 불과했을 것이다".

징기스칸은 세계 역사상 가장 넓은 영토를 점유했던 몽고 제국의 창업자이다. 징기스칸이 세계 최고의 정복자가 될 수 있었던 것은 그에게 열정이 있었기 때문이다. 평범한 양치기 밖에 될 수 없던 징기스칸이 열정을 품었을 때 그는 세계 최고의 정복자가 된 것이다. 그러므로 좋은 리더가 되려면 열정이 있어야 한다.

베드로는 "열정적인 리더"였다. 베드로가 훌륭한 리더로 성장할 수 있었던 것은 그에게 열정이 있었기 때문이다. 베드로가 열심당원 출신이라는 것을 보면 그의 열정을 짐작해 볼 수가 있다. 예수님께서 오병이어의 기적을 행하신 후에 제자들에게 배를 타고 벳새다로 가라고 명하셨다. 그리고 본인은 산에 올라가서 기도를 했다.

기도를 마친 후 한밤중에 예수님께서 갈릴리 호수 위를 걸어서 배 타고 호수를 건너고 있는 제자들에게로 오셨다. 이때 제자들은 호수 위로 걸어오는 예수님을 보면서 유령인줄로 알고 놀라서 소리를 질렀다. 이때 예수님께서 "안심하라 내니 두려워 말라"고 말씀하니까 이때 베드로가 어떤 행동을 취했나?

마태복음 14:28-29 "베드로가 대답하여 이르되 주여 만일 주님이시거든 나를 명하사 물 위로 오라 하소서 하니 오라 하시니 베드로가 배에서 내려 물 위로 걸어서 예수께로 가되".

이 말씀은 베드로가 "열정적인 리더"임을 보여주는 장면이다. 다른 제자들은 예수님이 유령인줄 알고 두려워 떨고 있을 때 베드로는 배에서 뛰어내려 물위를 걸어서 예수님께로 갔다. 이런 베드로의 적극적인 모습에서 우리는 베드로가 "열정적인 리더"임을 찾아볼 수가 있다.

성경 중에 정경으로 인정받지 못하는 "외경"이라는 책이 있는데, 이 책에 베드로의 열정을 엿볼 수 있는 일화가 나온다.

어느 무더운 날에 예수님께서 제자들에게 높은 산에 올라가자고 말씀하시면서 큰 돌을 두 개씩 가지고 올라오라고 하셨다. 그래서 제자들은 돌을 두 개 씩 들고 산에 올라갔다. 그런데 베드로와 가룟 유다는 아주 대조적인 돌을 준비해 왔다. 베드로는 예수님의 수제자답게 아주 큰 돌을 한 손에 하나씩 들고 산을 올라갔다. 그러나 가룟 유다는 아주 작은 조약돌 두 개를 주머니 속에 넣고 산을 올라갔다. 산 정상에 도착했을 때 예수님은 제자들을 둥글게 앉혀놓고 식사기도를 하셨다. 그랬더니 돌이 변하여 떡이 되었다. 베드로는 큰 두 개의 떡덩이를 배불리 먹고도 남아서 나누어주기도 했지만, 가룟 유다는 주머니에 자그마한 조약돌만한 떡밖에 없어서 굶주렸다고 한다.

여기에서 우리는 베드로의 열정을 찾아볼 수가 있다. 이런 베드로의 열정이 베드로를 좋은 리더가 되게 한 것이다. 그러므로 좋은 리더가 되려면 열정이 있어야 한다.

3. 칭찬받는 리더

본문 말씀에 보면 베드로가 예수님께 칭찬받는 장면이 나온다. 어느날 예수님께서 제자들과 함께 가이사랴 빌립보 지방을 방문하게 되었다. 이때 예수님은 제자들에게 "사람들이 나를 누구라고 하느냐?"라고 물으셨다. 그러자 제자들은 "어떤 사람은 세례요한이라고 하고, 어떤 사람은 엘리야라고 하고, 또 어떤 사람은 예레미야나 선지자 중에 하나라고 말한다"(마 16:14) 고 대답했다.

그러자 이번에는 예수님께서 제자들에게 "그러면 너희는 나를 누구라고 생각하느냐?"(마16:15) 라고 물으셨다. 이때 침묵을 깨고 베드로가 다음과 같이 대답했다.

> 마태복음 16:16 "시몬 베드로가 대답하여 이르되 주는 그리스도시오 살아계신 하나님의 아들이시니이다".

우리는 이 고백을 '베드로의 신앙고백'이라고 부른다. 베드로는 예수님을 그리스도, 다시 말해서 메시야가 되시고, 또 하나님의 아들이 되신다고 고백했다. 당시 유대인들은 예수님을 메시야로 인정하지 않았고, 하나님의 아들로도 인정하지 않았다. 그러므로, 베드로가 "주는 그리스도시오 살아계신 하나님의 아들이시니이다"라고 고백한 것은 엄청난 고백임에 틀림없다. 베드로가 자기의 신앙을 고백했을 때 예수님께서 베드로를 다음과 같이 칭찬해 주셨다.

> **마태복음 16:18** "또 내가 네게 이르노니 너는 베드로라 내가 이 반석 위에 내 교회를 세우리니 음부의 권세가 이기지 못하리라".

예수님은 베드로를 칭찬하면서 "내가 이 반석 위에 내 교회를 세우겠다"고 말씀하셨다. 그러므로 베드로는 "칭찬받는 리더"이다. 베드로의 신앙고백이 얼마나 마음에 들었으면 예수님께서 이렇게까지 베드로를 칭찬해 주셨을까? 이 말씀을 천주교에서는 "베드로라는 사람 위에" 교회를 세웠다고 해석하여 베드로를 초대 교황으로 간주한다. 그러나 이 말씀을 기독교에서는 "베드로가 고백한 신앙고백 위에" 교회를 세우겠다는 말씀으로 해석하여 "베드로의 신앙고백"으로 간주한다.

따라서 우리도 베드로처럼 주님을 바로 알고 주님을 바르게 고백할 줄 알아야 한다. 그래야 칭찬받는 성도가 될 수 있다.

요즘, 잘못된 신앙과 교리 위에 세워진 교회들이 있다. 소위 말하는 '이단 교회'가 바로 그런 교회들이다. 이단 교회는 잘못된 신앙과 교리 위에 세워졌기 때문에 건강한 교회가 될 수가 없다.

이단 교회를 다니는 성도들은 일반적인 교회를 다니는 성도들보다 평균 4배 이상의 헌신이 요구된다고 한다. 그들은 헌금도 많이 하고, 봉사도 많이 하고, 예배와 집회에도 많이 참석하고, 전도도 훨씬 더 많이 한다. 하지만, 이단 교회를 다니는 성도들의 수고와 헌신은 하나님 앞에서 칭찬받기가 어렵다. 왜냐하면 그들이 잘못된 신앙과 교리를 믿었기 때문이다.

그러므로 올바른 신앙과 교리 위에 믿음을 쌓아가는 것이 중요하다. 그리고, 올바른 신앙과 교리 위에 세워진 교회를 섬기는 것이 중요하다. 그래야 하나님께 칭찬받는 좋은 리더가 될 수 있다.

베드로는 어떤 리더였나?

베드로는 성장하는 리더였다. 그가 예수님을 만나기 전에는 평범한 어부에 불과했지만 그가 예수님을 만난 이후로는 훌륭한 리더로 성장하게 되었다. 베드로는 열정적인 리더였다. 그의 이런 열정은 그를 적극적인 사람이 되게 했으며 예수님의 수제자가 되게 했다. 베드로는 칭찬받는 리더였다. 그는 예수님의 제자들 중에 가장 인정받고 칭찬받는 리더가 되었다. 그렇기 때문에 베드로가 예수님의 수제자가 되어 초대교회 최고의 리더로 쓰임받게 된 것이다. 그러므로 우리가 이런 베드로의 리더십을 배워서 우리도 열정적으로 사역함으로 하나님께 쓰임 받는 좋은 리더가 되자.

적용과 나눔

1. 베드로를 생각할 때 가장 먼저 떠오르는 단어가 무엇인가?

2. 베드로는 성장하는 리더이고, 열정적인 리더이며, 칭찬받는 리더였다. 이런 베드로의 모습에서 내가 새롭게 깨달은 것이 무엇인가?

3. 베드로는 계속 성장하는 리더였다. 나는 지금 영적 성장과 육적 성장을 위해서 어떤 노력을 하고 있나?

4. 베드로와 같은 리더가 되기 위해서 내가 더 노력해야 할 것이 무엇인가?

5. 베드로와 같은 리더가 되기 위해서 기도하자.

사도 바울

1.사울이 주의 제자들에 대하여 여전히 위협과 살기가 등등하여 대제사장에게 가서

2.다메섹 여러 회당에 가져갈 공문을 청하니 이는 만일 그 도를 따르는 사람을 만나면 남녀를 막론하고 결박하여 예루살렘으로 잡아오려 함이라

3.사울이 길을 가다가 다메섹에 가까이 이르더니 홀연히 하늘로부터 빛이 그를 둘러 비추는지라

4.땅에 엎드러져 들으매 소리가 있어 이르시되 사울아 사울아 네가 어찌하여 나를 박해하느냐 하시거늘

5.대답하되 주여 누구시니이까 이르시되 나는 네가 박해하는 예수라

6.너는 일어나 시내로 들어가라 네가 행할 것을 네게 이를 자가 있느니라 하시니

7.같이 가던 사람들은 소리만 듣고 아무도 보지 못하여 말을 못하고 서 있더라

8.사울이 땅에서 일어나 눈은 떴으나 아무 것도 보지 못하고 사람의 손에 끌려 다메섹으로 들어가서

9.사흘 동안 보지 못하고 먹지도 마시지도 아니하니라.

사도행전 9:1-9

CHAPTER 02

사도 바울
전도에 주력하는 리더

윈스턴 처칠(Winston Churchill)은 60대까지는 영국의 수상이 되지 못했다. 그는 그때까지 군인으로서, 작가로서, 그리고 정치가로서 다른 사람들을 이끄는 정도에 불과했던 사람이다. 그러나 제2차 세계대전은 그가 위대한 지도자로 떠오를 수 있는 좋은 기회를 제공했고, 또한 전쟁이 끝나자 그의 주변으로 뭉쳤던 사람들은 그를 수상의 자리로 내몰았다. 따라서 처칠은 절묘한 타이밍(Timing)을 만나 영국 수상이 된 것이다. 그는 이렇게 말했다. "각 사람이 태어나는 순간 모든 사람의 생애에 특별한 순간이 있습니다. 사람들이 그 특별한 기회를 붙잡았을 때 그는 사명을 이룰 수 있습니다. 모든 사람은 사명으로 독특하게 구별되어 있습니다. 기회의 순간에 각 사람은 그 위대한 것을 발견할 수 있습니다. 그때가 그의 가장 멋진 시간입니다"

사도 바울은 기독교인들을 핍박하던 일에 앞장섰던 사람이다. 그런데, 그가 어느날 다메섹으로 가던 길에 예수님을 만남으로 그의 인생이 핍박자에서 전도자로 180도 변화되었다. 다메섹 사건은 사울이 바울로 변화되는 절묘한 타이밍이 된 것이다. 도대체 사도 바울이 어떤 사람이기에 하나님께서 그를 선택하여 크게 사용하신 것일까?

1. 영적 체험이 있는 리더

바울은 원래 베냐민지파 출신이고 바리새파에 속한 정통 유대인이다. 바울은 당시 가말리엘이라는 유명한 학자 밑에서 공부한 아주 똑똑한 사람이다. 바울은 하나님을 열심히 믿었지만 "예수님이 하나님의 아들이라는 것과 예수님이 그리스도라는 것"은 결코 인정하지 않았다. 바울은 초대교회 일곱 집사 중에 하나인 스데반 집사가 돌에 맞아 순교하는 현장에도 있었다. 이와같이 바울은 교회를 핍박하는 일에 앞장섰던 사람이다(행8:1,3).

어느날 기독교인들을 체포하기 위해 다메섹으로 가던 바울이 다메섹 도상에서 예수님을 만나는 체험을 하게 되었다. 갑자기 하늘로부터 큰 빛이 바울을 향해 비추었다. 그 순간 바울은 땅바닥에 엎드러졌고, 하늘로부터 "사울아 사울아 어찌하여 네가 나를 박해하느냐"(4절) 라는 주님의 음성을 듣게 되었다. 바울이 "주여! 누구십니까?"하고 묻자 주께서 다음과 같이 말씀하셨다.

> **사도행전 9:5** "대답하되 주여 누구시니이까 이르시되 나는 네가 박해하는 예수라".

이것이 바울이 부활하신 예수님을 만나는 장면이다. 바울은 예수님을 만난 후에 아무것도 보지 못한 채 사람들의 손에 이끌려서 다메섹으로 들어갔다. 그리고 거기서 사흘 동안 보지도 못하고 아무 것도 먹지도 못한 채 기도하면서 시간을 보냈다. 주님은 아나니아 라는 제자에게 "바울에게로 가서 안수하여 보게 하라"고 명하셨다. 따라서 아나니아가 바울에게로 가서 안수를 해주었는데, 이때 바울은 다시 보게 되었고 회복하게 되었다.

사도행전 9:18-19 "즉시 사울의 눈에서 비늘 같은 것이 벗어져 다시 보게 된지라 일어나 세례를 받고 음식을 먹으매 강건하여지니라 사울이 다메섹에 있는 제자들과 함께 며칠 있을새".

바울이 부활하신 예수님을 만나고, 멀었던 눈을 다시 뜨게 되는 이 영적 체험을 통해 바울의 인생은 180도 달라졌다. 그러므로 바울은 "영적 체험이 있는 리더"이다. 바울은 지금까지 예수님이 십자가에 달려 죽었고, 그것으로 예수님의 삶이 끝났다고 생각했던 사람이다. 그런데, 다메섹으로 가던 도중에 부활하신 예수님을 만난 이후로 바울은 예수님을 하나님의 아들로 확신하게 되었다. 그리고 이때부터 예수님을 핍박하던 핍박자에서 예수님을 증거하는 전도자로 변하게 되었다. 그러므로 바울이 예수님을 만나는 이 영적 체험이 바울의 인생을 바꿔놓은 것이다.

기독교를 '체험의 종교'라고 말한다. 그만큼 기독교에서 체험이 차지하는 비중이 크다. 바울이 새로운 사람으로 변화될 수 있었던 것은 그가 예수님을 만났기 때문이다. 바울은 전도할 때마다 자기가 만나고 체험한 예수님을 전했다. 그러므로 내가 먼저 예수님을 만나는 것이 중요하다. 내가 먼저 예수님을 체험하는 것이 중요하다. 그래야 예수님을 효과적으로 전할 수 있다. 그러므로 우리도 예수님을 만나기를 사모하자.

2. 전도에 주력하는 리더

바울은 예수님은 만나자마자 즉시 전도를 시작했다(행 9:15).

> 사도행전 9:19–20 "음식을 먹으매 강건하여지니라 사울이 다메섹에 있는 제자들과 함께 며칠 있을새 즉시로 각 회당에서 예수가 하나님의 아들이심을 전파하니".

바울은 예수님을 만난 후에 즉시 회당에 가서 "예수님이 하나님의 아들"이라고 전파했다. 전도는 교회를 오랫동안 다닌 사람들만 할 수 있는 것이 아니다. 전도는 교회를 처음 나온 사람도 얼마든지 할 수가 있다. 어쩌면 교회를 다닌 지 얼마 안된 초신자가 전도를 더 잘할 수도 있다. 교회를 오래 다닌 사람도 전도에 최선을 다해야 하고, 초신자도 전도에 최선을 다해야 한다. 왜냐하면 "전도는 예수님께서 가르쳐주신 지상 최대의 명령"이기 때문이다.

바울은 전도를 하면서 수많은 핍박을 당했다. 하지만 바울은 핍박을 당하면서도 결코 전도를 멈추지 않았다. 바울이 1

차 전도여행 때 루스드라에서 복음을 전할 때 앉은뱅이를 고치는 기적을 일으켰다. 그러자 그곳에 있던 사람들이 바울을 신으로 섬기려 했다. 그러자 바울을 적대시하던 유대인들이 군중들을 충동하여 바울을 돌로 치게 만들었다. 무리들은 바울에게 수많은 돌을 집어 던졌다. 그리고 바울은 군중들이 던진 돌에 죽을 정도로 두들겨 맞고 쓰러졌다. 무리들은 바울이 죽은 줄 알고 그를 성 밖에 내다 버렸다. 그런데, 바울은 죽지 않았고, 밤중에 일어나서 성으로 들어갔다. 그런데, 다음날 자리에서 일어난 바울이 어떤 일을 했는지 아는가?

> 사도행전 14:20-21 "제자들이 둘러섰을 때에 바울이 일어나 그 성에 들어갔다가 이튿날 바나바와 함께 더베로 가서 복음을 그 성에서 전하여 많은 사람을 제자로 삼고 루스드라와 이고니온과 안디옥으로 돌아가서".

바울은 전날 거의 죽을 정도로 돌로 두들겨 맞았다. 돌에 맞아서 얼굴이 퉁퉁 붓고, 온 몸이 시퍼렇게 멍들고, 온 몸이 쑤시고 아팠을 것이다. 그런데, 바울은 다음날 일어나서 다시 더베라는 성에 가서 전도를 했다. 전도에 미치지 않고서야 어떻게 이렇게 할 수가 있단 말인가? 그러므로 바울의 이런 모습에서 그가 "전도에 주력하는 리더"임을 알게 된다.

우리교회가 가정동 새성전으로 이전한 후에 내가 가장 먼저 사귄 사람이 백조세탁소 이기원사장이다. 나는 항상 백조세탁소에 세탁물을 맡겼기 때문에 세탁소 사장을 금방 사귈 수가 있었다. 세탁소 사장은 내가 목사인 것을 알기에 종종 나에게 상담을 요청했다. 그래서 나는 종종 세탁소 사장과 개인적인 이야기를 나누는 사이가 되었다. 나는 세탁소 사장을 전도대상자(VIP)로 정하고 새생명축제에도 초대했다. 그리고 수요전도를 할 때마다 커피를 갖다 드리면서 관심을 기울였다. 나는 가랑비에 옷이 젖는 것처럼 서서히 세탁소 사장을 전도하려고 했다. 그런데, 어느 날 나는 세탁소 사장이 소천했다는 뜻밖의 소식을 듣게 되었다. 세탁소 사장의 사망소식을 들었을 때 너무 미안하고 죄송했다. 내가 세탁소 사장의 영혼을 빨리 구원하지 않고 나중으로 미룬 것이 너무나도 후회가 되었다.

전도는 결코 나중으로 미루어서는 안 되는 중대하면서도 절박한 일이다. 왜냐하면 우리가 전도하려고 생각하는 가족과 친구와 이웃이 결코 우리들을 기다려주지 않기 때문이다. 좋은 리더는 전도에 최선을 다해야 한다. 그래야 영혼을 구원하는 일에 쓰임 받을 수가 있다.

3. 교회와 사역자를 세우는 리더

바울은 예수님을 만나자마자 좋은 리더가 된 것이 아니다. 바울은 예수님을 만난 이후 좋은 사역자가 되기 위해서 고된 훈련을 받았다.

> 갈리디아 1:17 "또 나보다 먼저 사도 된 자들을 만나려고 예루살렘으로 가지 아니하고 아라비아로 갔다가 다시 다메섹으로 돌아갔노라".

바울은 다메섹에서 예수님을 만난 후에 아라비아 사막에 가서 3년 동안 훈련을 받았다. 그리고 훈련을 마친 후에 다시 다메섹으로 돌아와서 예루살렘에 있는 기독교 지도자들을 만났다. 예루살렘에 있는 기독교 지도자들은 바울의 과거 경력 때문에 그를 두려워했지만, 바울은 더 이상 이전의 바울이 아니었다.

바울 사역의 핵심은 이방지역에 교회를 개척하는 것이다. 바울은 교회를 개척하는 데 아주 특별한 사명과 재능이 있었다. 더군다나 바울은 교회를 개척한 후에 그 교회가 어느 정도 자리가 잡히면 그 교회를 떠나서 다시 교회를 개척하는 일을 반복했다. 나도 교회를 한 번 개척해본 경험이 있는데, 다시 한 번 교회를 개척하라고 한다면 정말로 사양하고 싶다. 교회를 개척한다는 것이 너무나도 어렵기 때문이다.

바울이 개척한 교회를 떠나서 다른 곳에 교회를 개척하기 위해서는 먼저 개척한 교회를 담당할 사역자가 필요했다. 따라서 바울은 교회를 개척한 후에는 반드시 그 교회를 이끌어나갈 리더를 훈련하여 세우는 일을 했다. 그러므로 교회를 개척하는 일과 함께 교회를 이끌어갈 사역자를 세우는 일은 바울의 핵심 사역이었다.

바울은 교회를 개척한 후에 훈련된 사역자에게 교회를 맡겼다. 디모데후서 2장2절 말씀은 바울이 그의 제자 디모데에게 사역을 맡기는 내용이다.

> 디모데후서 2:2 "또 네가 많은 증인 앞에서 내게 들은 바를 충성된 사람들에게 부탁하라 그들이 또 다른 사람들을 가르칠 수 있으리라".

바울은 디모데에게 "내가 너를 훈련하여 맡긴 것처럼 너도 다른 사람들을 훈련하여 맡기라"고 부탁했다. 교회를 개척하고 그 교회를 담당할 사역자를 세우지 않는다면 그 교회는 분명 어려움에 처하게 될 것이다. 바울은 교회만 개척하고 무책임하게 교회를 떠난 것이 아니라 그 교회를 이끌어나갈 사역자를 훈련하여 세웠다. 그리고 세워진 사역자들이 그 교회를 잘 이끌어 갔다. 그러므로 바울은 "교회와 사역자를 세우는 리더"임을 알 수 있다.

목회자들 중에 "내가 없으면 교회가 안 된다"고 생각하는 사람이 있다. 그러나 나는 교회에 담임목사가 없어도 잘 돌아가는 교회가 건강한 교회라고 생각한다. 물론, 이런 교회가 되기 위해서는 담임목사가 없어도 교회를 이끌어 갈 수 있고, 사역을 감당할 수 있는 사역자가 세워져야만 한다. 만일, 이런 사역자가 세워지지 않은 상태에서 담임목사가 그 교회를 떠난다면 그 교회는 큰 어려움을 당하게 될 것이다. 그러므로 담임목사는 사역자를 훈련하여 세우는 일에 우선순위를 두고 사역해야 한다.

얼마 전 터키에서 사역하고 있는 선교사를 통해 "터키 선교"에 대해서 들은 적이 있다. 터키는 99.8%가 이슬람을 믿는 나라다. 터키에는 2015년 기준으로 140개의 교회가 있고, 기독교인은 4,300명이라고 한다. 터키 인구가 7,700만 명인 점을 고려한다면 4,300명이란 숫자는 정말로 작은 숫자임에 틀림없다. 더군다나 터키에 있는 140개 교회 가운데 자립하는 교회가 한 교회도 없다는 것도 놀랄만한 일이다. 터키는 이슬람 국

가이기 때문에 교회를 다니면 가정과 학교와 직장에서 완전히 따돌림을 당하게 되므로 교회를 다니기가 힘들 수밖에 없는 나라다. 터키 선교사는 자기가 은퇴할 때까지 터키에서 사역할 마음을 품고 있었다. 그는 터키에서 자신이 해야 할 가장 큰 비전은 "현지 목회자를 양성하는 일"이라고 했다. 그 길만이 터키 교회가 자립할 수 있고, 성장할 수 있는 길이라고 강조했다. 정말로 터키 선교사의 비전대로 현지 목회자를 양성하여 세우는 일이 잘 진행될 수 있기를 바란다. 그리하여 향후에 그렇게 세워진 사역자들로 인하여 터키 교회가 부흥케 되는 역사가 일어나기를 바란다.

 결국, 좋은 리더는 교회와 사역자를 세우는 데 비전을 두어야 한다. 그래야 교회가 든든히 세워질 수가 있다.

사도 바울은 어떤 리더였나?

사도 바울은 영적 체험을 한 리더였다. 그는 다메섹 체험을 통해 핍박자에서 전도자로 삶이 변화되었다. 사도 바울은 전도에 주력하는 리더였다. 그는 복음을 전파하는 일을 위해서라면 생명도 아끼지 않았고 죽도록 충성을 다했다. 사도 바울은 교회와 사역자를 세우는 리더였다. 그는 이방인의 전도자가 되어 이방인 지역에 교회를 세우는 일과 이방인의 영혼구원을 위해 최선을 다했다. 그러므로 우리가 이런 사도 바울의 리더십을 배워서 우리도 이 시대에 영혼구원을 위해 쓰임 받는 좋은 리더가 되자.

적용과 나눔

1. 바울을 생각할 때 가장 먼저 떠오르는 단어가 무엇인가?

2. 바울은 영적인 체험을 한 리더, 전도에 주력하는 리더, 교회와 사역자를 세우는 리더였다. 이런 바울의 모습에서 내가 새롭게 깨달은 것이 무엇인가?

3. 바울이 다메섹에서 예수님을 만난 이후로 그는 새로운 삶을 살게 되었다. 나는 언제 예수님을 만나 새로운 삶을 살게 되었나?

4. 바울과 같은 리더가 되기 위해서 내가 더 노력해야 할 것이 무엇인가?

5. 바울과 같은 리더가 되기 위해서 기도하자.

바나바

26.사울이 예루살렘에 가서 제자들을 사귀고자 하나 다 두려워하여 그가 제자 됨을 믿지 아니하니

27.바나바가 데리고 사도들에게 가서 그가 길에서 어떻게 주를 보았는지와 주께서 그에게 말씀하신 일과 다메섹에서 그가 어떻게 예수의 이름으로 담대히 말하였는지를 전하니라

28.사울이 제자들과 함께 있어 예루살렘에 출입하며

29.또 주 예수의 이름으로 담대히 말하고 헬라파 유대인들과 함께 말하며 변론하니 그 사람들이 죽이려고 힘쓰거늘

30.형제들이 알고 가이사랴로 데리고 내려가서 다소로 보내니라

31.그리하여 온 유대와 갈릴리와 사마리아 교회가 평안하여 든든히 서 가고 주를 경외함과 성령의 위로로 진행하여 수가 더 많아지니라.

사도행전 9:26-31

CHAPTER 03

바나바
화해에 탁월한 리더

오래 전 "리더십 세미나"에 참석했을 때 있었던 일이다. 세미나 강사는 강의를 시작하면서 "자신이 리더라고 생각하는 사람은 손을 들어보세요"라고 질문을 했다. 그곳에 모인 사람들이 300여명쯤 되었는데 손을 드는 사람이 거의 없었다. 그러자 강사가 이번에는 이렇게 말했다. "누군가 자기를 따르는 사람이 있는 사람은 손을 들어보세요". 그러면서 구체적인 예로 "자기를 따르는 직원이나, 학생이나, 자녀나, 후배가 있는 사람은 손을 들어보라"고 했다. 그랬더니 잠시 후 대부분의 사람들이 손을 들었다. 그러자 강사가 중요한 말을 들려주었다.

"보통 사람들이 리더에 대해 가지고 있는 생각은 주로 권력(Power)을 가지고 있는 사람이겠지만 사실은 '따라오는 사람

(Follower)이 있으면 그 사람은 리더'입니다."

어쨌든 누군가 자신의 뒤를 쫓아오는 사람이 있다면 그 사람은 리더라는 것이다. 강사는 또 한 가지 중요한 말을 들려주었다.

"자신이 아무리 리더라고 소리쳐도 사람들이 그를 따라주지 않으면 그 사람은 절대로 리더가 아닙니다".

결국, 리더는 내가 되고 싶다고 해서 되는 것이 아니라 다른 사람들이 따라줄 때 리더가 될 수 있는 것이다. 그러므로 리더에게는 다른 사람들을 따르게 하는 능력이 필요하다.

바나바는 좋은 인격과 성품으로 사람들을 따르게 하는 능력이 있었다. 바나바의 이런 인격과 성품 때문에 그가 예루살렘 교회 지도자들을 설득하여 사도 바울이 사역할 수 있도록 도울 수가 있었던 것이다. 도대체 바나바가 어떤 리더이기에 하나님께서 바나바를 선택하여 크게 사용하신 것일까?

1. 배려하는 마음을 가진 리더

바울은 다메섹에서 예수님을 만나는 체험을 통해 새로운 사람으로 변화되었다. 하지만, 당시 초대교회 지도자들은 바울을 여전히 두려워했고, 바울이 주님의 제자가 된 것을 믿지 않았다. 그런데, 이런 상황에서 바울이 사역할 수 있도록 도움을 준 사람이 있는데, 그가 바로 바나바다.

> 사도행전 9:26-27 "사울이 예루살렘에 가서 제자들을 사귀고자 하나 다 두려워하여 그가 제자됨을 믿지 아니하니 바나바가 데리고 사도들에게 가서 그가 길에서 어떻게 주를 보았는지와 주께서 그에게 말씀하신 일과 다메섹에서 그가 어떻게 예수의 이름으로 담대히 말하였는지를 전하니라".

바나바는 바울을 데리고 사도들을 찾아갔다. 그리고 바울이 어떻게 예수님을 만나게 되었는지, 그리고 그에게 어떤 변화가 일어났는지를 자세히 설명해 주었다. 그리고 바울이 사역할 수 있도록 사도들을 계속 설득했다. 이런 바나바의 노력으로 바울이 사역할 수 있는 길이 열리게 되었다. 그렇다면 바나바가 바울이 사역할 수 있도록 도움을 준 이유는 무엇일까? 왜 바나바는 이렇게 힘든 일을 자청했을까? 그것은 바나바의 마음 속에 남을 배려하는 마음이 있었기 때문이다. 그러므로 바나바는 "배려하는 마음을 가진 리더"임을 알 수 있다. 남을 배려하는 바나바의 이런 마음 때문에 사도 바울이 주님의 사역을 시작할 수 있게 되었고, 또한 바울의 사역을 통해 교회가 크게 부흥할 수 있었던 것이다.

사도행전 9:31 "그리하여 온 유대와 갈릴리와 사마리아 교회가 평안하여 든든히 서 가고 주를 경외함과 성령의 위로로 진행하여 수가 더 많아지니라".

바나바의 도움으로 사역의 문이 열리게 된 바울은 열심히 전도를 했다. 그 결과 교회가 평안하여 든든히 서가게 되었고, 점점 더 부흥케 되는 역사가 일어났다. 결국, 교회의 부흥은 새신자인 바울을 통해 일어난 것이다. 초대교회 지도자들이 기득권을 갖고 있는 사람들이라면 바울은 새신자와 같은 사람이다. 만일 초대교회 지도자들이 바울을 배려해주지 않았더라면 그는 제대로 사역하지 못했을 것이다. 그러므로 바울이 사역을 시작하는 데 있어서 바나바가 중요한 역할을 한 것이다.

지금도 교회 안에 바나바와 같은 성도가 필요하다. 우리교회는 새가족을 섬기기 위하여 새가족팀에서 "바나바 사역"을 담당한다. 바나바 사역이란 우리교회에 등록한 새가족이 교회에 정착할 수 있도록 돕는 사역이다. 따라서 새가족이 등록하면 새가족팀에서는 새가족의 연령과 신앙수준 등을 고려하여 바나바를 지정해 준다. 그러면 바나바는 자기가 맡은 새가족이 새가족반을 수료할 때까지 최선을 다해 섬긴다. 주일에 새가족이 교회에 오면 기다렸다가 환영해주고, 함께 예배하고, 함께 식사하고, 함께 차를 마시면서 그림자처럼 새가족을 따라다니면서 잘 섬겨준다. 새가족들에게 있어서 우리교회는 낯선 곳이다. 따라서 바나바는 절대로 새가족이 혼자 있도록 해서는 안 된다. 바나바는 기존 성도와 새가족을 연결하는 교량과 같은 역할을 담당하게 되므로 바나바가 성실히 사역할 때 새가족 정착율을 높일 수 있다.

2. 성령과 믿음이 충만한 리더

원래 바나바는 상당한 재력이 있는 사람이다. 바나바는 예루살렘 교회가 시작될 때 자기의 밭을 팔아 그 값을 사도들에게 바치기도 했다(행4:32-37). 그런데, 성경은 바나바가 부자라는 것보다 더 강조하는 것이 있다. 그것이 과연 무엇일까?

> 사도행전 11:24 "바나바는 착한 사람이요 성령과 믿음이 충만한 사람이라 이에 큰 무리가 주께 더하여지더라".

성경은 바나바가 "성령과 믿음이 충만한 사람"이라고 소개한다. 바나바는 "성령과 믿음이 충만한 리더"였다. 이런 점에서 바나바는 사도들과 교회 성도들에게 존경을 받고 인정을 받은 것이다. 여기서 성령이 충만하다는 말은 "온전히 성령의 지배를 받았다"는 말이다. 바울은 에베소교회 성도들에게 보낸 편지에서 다음과 같이 말했다.

> 에베소서 5:18 "술 취하지 말라 이는 방탕한 것이니 오직 성령으로 충만함을 받으라"

바울은 에베소교회 성도들에게 "술에 취하지 말고 성령충만을 받으라"고 했다. 다시 말하면 술에 취하지 말고 성령에 취하라는 것이다. 술에 취하면 이성을 잃게 되고 실수하게 된다. 수요일마다 우리교회 앞에서 노방전도를 하다보면 가끔 술에 취한 사람들이 찾아온다. 술에 취한 사람은 혀가 꼬부라져서 알아듣기 힘든 말을 한다. 때로는 힐끗힐끗 웃기도 하고 여자 성도들을 희롱할 때도 있다. 왜 그럴까? 술에 취하게 되면 술의 지배를 받기 때문에 이렇게 되는 것이다. 그래서 바울은 "술 취하지 말라 이는 방탕한 것이니"라고 말했다.

바울은 "술 취하지 말고 성령에 취하라"고 했다. 술에 취하면 술의 지배를 받지만 성령에 취하면 성령의 지배를 받게 된다. 성령충만은 성령의 지배를 받는 상태를 말한다. 예수님께서 부활승천하신 후에 120명의 성도들이 마가다락방에 모여서 열심히 기도할 때 그곳에 성령이 임했다. 그들은 모두 성령께서 말하게 하심을 따라서 방언을 했다. 당시 그들은 모두 다

성령의 지배를 받게 되었다. 이것이 바로 성령충만이다.

바나바는 성령이 충만하면서도 동시에 믿음이 충만한 사람이었다. 믿음이 충만하다는 것은 믿음이 크다는 것을 의미한다. 예수님께서 길을 가실 때에 가나안 여자가 다가와서 자기의 귀신들린 딸을 고쳐달라고 소리를 질렀다. 이때 예수님은 한 말씀도 대답하지 않으셨다. 가나안 여자가 계속해서 소리를 질렀지만 예수님은 계속 가나안 여자를 무시했다. 그런데, 가나안 여자가 포기하지 않고 계속해서 예수님의 은혜를 구할 때에 예수님께서 다음과 같이 선포했다.

> 마태복음 15:28 "이에 예수께서 대답하여 이르시되 여자여 네 믿음이 크도다 네 소원대로 되리라 하시니 그 때로부터 그의 딸이 나으니라".

예수님은 가나안 여자에게 "네 믿음이 크다"고 칭찬해주셨다. 그리고 그의 딸의 병을 고쳐주셨다. 금방 응답되지 않는다고 해서 포기하면 안 된다. 계속해서 믿음으로 구해야 한다. 믿음이 충만하다는 것은 믿음이 크다는 것이다. 믿음이 클 때 기적이 일어난다. 바나바는 "성령과 믿음이 충만한 리더"였다. 그렇기 때문에 그가 크게 쓰임 받을 수가 있었다. 그러므로 좋은 리더는 성령과 믿음이 충만해야 한다.

3. 인격과 실력을 갖춘 리더

한 홍 목사는 "칼과 칼집"(두란노)이라는 책에서 "리더는 인격과 실력을 갖춰야 한다"고 말했다. 칼이 실력이라면 칼집은 인격이다. 아무리 훌륭한 칼이라 해도 칼을 보관할 칼집이 변변치 않으면 칼이 제값을 다하지 못하게 된다. 또한 아무리 칼집이 훌륭하더라도 그 속에 있는 칼이 변변치 않다면 칼집은 제값을 다하지 못하게 된다.

마찬가지로 리더가 아무리 실력이 좋아도 인격이 부족하면 리더의 역할을 제대로 감당하지 못하게 된다. 또한 리더가 아무리 인격이 좋아도 실력이 없으면 리더의 역할을 제대로 감당하지 못하게 된다. 그러므로 리더는 인격과 함께 실력을 갖추어야 한다. 성경은 바나바를 착한 사람이라고 소개한다.

> **사도행전 11:24** "바나바는 착한 사람이요 성령과 믿음이 충만한 사람이라 이에 큰 무리가 주께 더하여지더라".

바나바는 착하고 선한 사람이었다. 이런 바나바의 성품 때문에 믿지 않는 사람들도 바나바를 따르게 되었고, 그 결과 이방인 선교를 위해 세워진 안디옥 교회가 부흥케 되었다. 바나바가 착한 사람이라는 것은 그가 바울과 말다툼하는 것을 보면 알 수가 있다. 바울은 1차 전도여행 도중에 포기하고 돌아간 마가를 다시는 전도여행에 데려가지 않으려 했다. 하지만, 바나바는 마음이 착하고 따듯한 사람이기에 마가에게 다시 한 번 기회를 주고 싶어 했다. 결국, 마가를 2차 전도여행에 데려가는 문제를 놓고 바나바와 바울이 심하게 다투었다.

> 사도행전 15:39-41 "서로 심히 다투어 피차 갈라서니 바나바는 마가를 데리고 배 타고 구브로로 가고 바울은 실라를 택한 후에 형제들에게 주의 은혜에 부탁함을 받고 떠나 수리아와 길리기아로 다니며 교회들을 견고하게 하니라".

결국, 2차 전도여행에 마가를 데려가는 문제 때문에 바나바와 바울이 갈라서게 되었다. 그리하여 바울은 실라를 데리고 전도여행을 떠나고, 바나바는 마가를 데리고 전도여행을 떠났다. 바나바는 바울과 헤어짐을 감수하면서까지 젊고 경험이 부족한 마가에게 다시 한 번 기회를 주고 싶어 했다. 바나바는 비록 실수를 했고 부족함이 많지만 마가를 끝까지 품어주고 세워주려는 마음이 있었다. 이것이 바로 바나바의 성품이요 인격이다. 바나바는 이런 성품과 마음으로 연약한 이들을 많이 품어주었다. 이런 바나바의 노력으로 인하여 훗날에 마가는 좋은 사역자로 성장하여 쓰임 받게 된 것이다(딤후 4:11).

바나바는 단순히 마음이 착하고 성품만 좋은 사람이 아니다. 바나바는 "실력을 갖춘 리더"였다. 바나바는 바울의 회심을 누구보다 먼저 인정해준 사람이다. 사람의 마음을 꿰뚫어 볼 수 있는 능력이 바나바에게 있었던 것이다. 바나바는 바울이 초대교회 사도들과 함께 사역할 수 있도록 초대교회 사도들을 설득했다. 이것은 보통의 능력이 아니면 할 수 없는 일이다. 바나바는 바울과 함께 이방선교의 중심적인 역할을 담당했던 안디옥 교회에 파송을 받았다. 그리고 바울과 함께 1차 전도여행을 성공적으로 수행했다. 이런 점으로 미루어 볼 때 바나바는 "실력을 갖춘 리더"임이 분명하다.

리더는 인격이 좋아야 한다. 하지만 리더가 리더십을 발휘하려면 실력도 갖추어야 한다. 바나바가 크게 쓰임 받을 수 있었던 것은 그가 "인격과 실력을 갖춘 리더"였기 때문이다. 그러므로 좋은 리더는 인격과 함께 실력을 갖추어야 한다. 그래야 하나님께 쓰임 받을 수 있다.

바나바는 어떤 리더였나?

바나바는 배려하는 마음을 가진 리더였다. 그의 이런 따듯한 마음 때문에 바울이 사역할 수 있는 길이 열린 것이다. 바나바는 믿음이 충만한 리더였다. 그의 이런 믿음 때문에 그가 사도들과 성도들에게 인정을 받을 수 있었던 것이다. 바나바는 인격과 실력을 갖춘 리더였다. 그의 이런 인품이 그를 존경받는 자리에 오르게 한 것이다. 그러므로 우리가 이런 바나바의 리더십을 배워서 우리도 이 시대에 화해자로서 쓰임 받는 좋은 리더가 되자.

적용과 나눔

1. 바나바를 생각할 때 가장 먼저 떠오르는 단어가 무엇인가?

2. 바나바는 배려하는 마음을 가진 리더, 성령과 믿음이 충만한 리더, 인격과 실력을 겸비한 리더였다. 이런 바나바의 모습에서 내가 새롭게 깨달은 것이 무엇인가?

3. 바나바는 인격과 실력을 겸비한 리더였다. 나는 과연 인격과 실력을 겸비하고 있나?

4. 바나바와 같은 리더가 되기 위해서 내가 더 노력해야 할 것이 무엇인가?

5. 바나바와 같은 리더가 되기 위해서 기도하자.

루디아

11. 우리가 드로아에서 배로 떠나 사모드라게로 직행하여 이튿날 네압볼리로 가고

12. 거기서 빌립보에 이르니 이는 마게도냐 지방의 첫 성이요 또 로마의 식민지라 이 성에서 수일을 유하다가

13. 안식일에 우리가 기도할 곳이 있을까 하여 문 밖 강가에 나가 거기 앉아서 모인 여자들에게 말하는데

14. 두아디라 시에 있는 자색 옷감 장사로서 하나님을 섬기는 루디아라 하는 한 여자가 말을 듣고 있을 때 주께서 그 마음을 열어 바울의 말을 따르게 하신지라

15. 그와 그 집이 다 세례를 받고 우리에게 청하여 이르되 만일 나를 주 믿는 자로 알거든 내 집에 들어와 유하라 하고 강권하여 머물게 하니라.

사도행전 16:11-15

CHAPTER 04

루디아
교회를 세우는 리더

채의숭 장로는 훌륭한 기독교 사업가다. 그는 대의그룹의 회장으로 큰 사업을 하고 있다. 그가 교회를 100개 건축하겠다는 꿈을 이룰 수 있었던 것도 그가 사업을 잘하는 사업가였기 때문에 가능했을 것이다.

채 장로는 가정생활에도 충실했다. 그는 아내와 거의 부부싸움을 하지 않을 정도로 부부 금실이 좋다고 했다. 그의 일가친척이 500여명인데, 그 중에 단 한 사람도 교회를 안다니는 사람이 없다고 한다. 현재 그는 서울에 있는 화양감리교회를 잘 섬기고 있다.

채 장로는 일도 잘하고, 가정생활에도 충실하고, 신앙생활도 잘하고, 교회도 잘 섬기는 모범적이고 성공적인 "기독교 사업가"라고 생각한다.

하나님께서 신실하신 채 장로에게 "네 영혼이 잘됨 같이 범사가 잘되고 강건한 복"(요삼1:2)을 주신 것이다.

루디아는 여성 사업가이다. 당시 사회가 남성 중심의 가부장적 사회임을 고려할 때 루디아가 여성 사업가였다는 것은 그가 특별한 사람임을 보여주는 증거이다.

루디아는 유럽 최초의 교회인 빌립보 교회를 설립한 사람이기도 하다. 도대체 루디아가 어떤 리더이기에 하나님께서 그를 선택하여 크게 사용하신 것일까?

1. 사업을 잘하는 리더

루디아는 자색 옷감을 파는 여성 사업가다. 그런데, 어느 날 그가 바울의 설교를 들을 때에 주께서 그의 마음을 열어 바울의 말을 따르게 하셨다. 이렇게 해서 루디아가 예수님을 믿게 되었다.

> 사도행전 16:14 "두아디라 시에 있는 자색 옷감 장사로서 하나님을 섬기는 루디아라 하는 한 여자가 말을 듣고 있을 때 주께서 그 마음을 열어 바울의 말을 따르게 하신지라".

루디아는 황실이나 고관대작을 상대로 최고급 원단인 자색 옷감을 장사하는 상당한 재산을 소유한 사업가였다.

루디아가 "사업을 잘하는 리더"였기 때문에 그가 바울의 사역을 물질적으로 후원할 수 있었을 것이다. 돈이 인생의 전부는 아니지만 하나님의 일을 할 때에도 돈이 중요한 역할을 한다. 돈이 있으면 선교도 더 크게 할 수 있고, 구제도 더 많이 할 수 있다. 돈이 있으면 선한 사업도 많이 할 수 있다.

그렇기 때문에 기독교 사업가는 돈을 많이 벌어야 한다. 그리고 그 돈을 하나님의 영광을 위하여 사용해야 한다. 그렇게 할 때 전도의 문이 열리게 될 것이다.

기독교 사업가 중에 김성오 장로라는 분이 있다. 그는 농촌 목회자 자녀로 성장했는데 열심히 공부해서 서울대 약대를 들어갔다. 그는 서울대 약대를 졸업한 후에 마산에서 4.5평밖에 안 되는 작은 동네 약국을 시작했는데 그 약국 이름이 '육일 약국'이었다.

김성오 장로는 육일만 일하고 주일은 쉰다는 뜻으로 '육일 약국'이라는 이름을 붙였다. 그는 어떻게 하면 '육일 약국'이 잘될 수 있는지를 끊임없이 생각했다. 그는 택시를 타고 다니면서 육일 약국을 열심히 홍보했다. 그리고 약국을 찾아오는 손님들을 친절하게 잘 섬겼다. 그리고 손님들의 이름을 모두

암기했다. 그가 육일 약국을 성장시킨 비결은 '친절과 섬김'이었다.

육일 약국은 점점 성장하게 되었고, 결국에는 20명의 약사를 두는 대형 약국으로 성장하게 되었다. 그는 나중에 육일 약국을 그만두고 인터넷 교육 사업에 뛰어들어 더 큰 성공을 이루게 되었다. 지금 김성오 장로는 메가 넥스트 대표로 일하고 있다.

김성오 장로가 처음에 마산에서 동네 약국을 시작할 때부터 지금까지 실천하고 있는 것은 "나눔"이다. 그는 열심히 일해서 번 돈의 일부를 가난하고 어려운 이들을 위해 나누는 일을 계속 실천하고 있다. 그는 사람이 세상을 살아가면서 꼭 해야 할 일이 "나눔"이라고 강조한다.

기독교인이 나눔을 실천할 때 하나님께서 영광을 받으실 것이다. 기독교인이 나눔을 실천할 때 전도의 문이 열릴 것이다. 그러므로 기독교 사업가들이 사업을 잘 해서 더 많은 나눔을 실천하고 더 많은 선한 사업을 후원해 나간다면 전도의 문을 여는 데 큰 도움이 될 것이다.

2. 가정을 구원하는 리더

루디아는 원래 하나님을 믿었지만 예수님은 모르는 사람이었다. 그런데, 바울을 만난 이후 루디아는 기독교로 개종을 했다. 그러므로 루디아는 마게도냐, 다시 말해서 유럽 최초의 기독교인이 된 것이다. 루디아가 기독교로 개종할 수 있었던 것은 그가 바울의 말에 귀를 기울일 때 주께서 그의 마음을 열어 바울의 말을 따르게 하셨기 때문이다.

> 사도행전 16:14 "두아디라 시에 있는 자색 옷감 장사로서 하나님을 섬기는 루디아라 하는 한 여자가 말을 듣고 있을 때 주께서 그 마음을 열어 바울의 말을 따르게 하신지라".

이 세상에서 성도들이 해야 할 일이 많겠지만 무엇보다도 하나님의 말씀에 귀를 기울이는 것이 중요하다. 왜냐하면 말씀을 듣고 은혜를 받을 때 하나님의 역사가 일어나기 때문이다. 루디아가 바울이 전하는 말씀에 귀를 기울일 때 하나님께서 그의 마음을 열어주셨다. 그리하여 루디아가 말씀에 은혜를 받게 되었고, 예수님을 믿기로 결심을 하게 된 것이다.

루디아는 예수님을 믿은 후에 자기의 모든 가족을 전도함으로 그들을 구원의 길로 인도했다.

사도행전 16:15 "그와 그 집이 다 세례를 받고 우리에게 청하여 이르되 만일 나를 주 믿는 자로 알거든 내 집에 들어와 유하라 하고 강권하여 머물게 하니라".

루디아는 모든 가족들이 예수님을 믿고 세례 받도록 이끌어 주었다. 세례란 이전의 죄를 씻고 그리스도와 연합하게 됨을 상징하는 의식이다. 그러므로 루디아를 통해 루디아의 가족 모두가 개종하여 기독교인이 된 것이다. 이런 점을 볼 때 루디아는 가족들에게 큰 영향력이 있는 리더임을 알게 된다. 결국, 루디아는 "가정을 구원하는 리더"가 되었다.

성경에 보면 온 가족을 구원하는 리더들이 있다. 먼저, 루디아를 통해 루디아의 가족 모두가 구원을 받았다. 삭개오의 가족도 삭개오를 통해 모두 구원받았다. 로마 군대의 백부장이었던 고넬료도 그를 통해 온 가족이 구원받았다.

사도 바울이 감옥에 갇혔을 때 감옥을 지키던 간수도 그를 통해 온 가족이 구원받았다. 어떻게 이런 놀라운 구원의 역사가 일어날 수가 있었을까?

사도 바울은 사도행전 16장31절에서 그 이유를 설명해 준다.

> 행16:31 "이르되 주 예수를 믿으라 그리하면 너와 네 집이 구원을 받으리라 하고".

그러므로 한 사람의 리더가 열심히 하나님을 믿을 때 그 한 사람을 통하여 온 가족들에게 구원의 문이 열리게 되는 것이다. 가족을 전도하기 위해서는 평소에 가족에게 잘해야 한다. 평소에 기독교인다운 모습을 보여주어야 한다. 가정 안에서 변화된 모습과 기독교인다운 모습을 보여주면서 가족에게 인정을 받아야 한다. 그래야 가족 전도의 문이 열린다. 루디아가 가족 모두를 구원할 수 있었던 것도 그가 평소에 가족들에게 인정받는 리더였기 때문일 것이다.

우리교회 어떤 권사님께서 시아버지를 구원하려는 간절한 소원을 품게 되었다. 가족들도 아버지께서 구원받기를 간절히 소원했다. 모든 가족들이 아버지의 구원을 위해서 계속 기도하면서 전도를 했다. 가족들은 아버지가 예수님을 영접할 수 있도록 목사인 나에게도 기도를 부탁했다.

결국, 시아버지가 소천하기 직전에 예수님을 영접했다. 그리고 병상 세례를 받으시고 편안하게 눈을 감았다. 가족들은 아버지가 예수님을 영접하는 과정을 지켜보면서 하나님께 감사와 영광을 돌렸다. 그리고 기독교 장례로 아버지 장례를 잘 진행했다. 그러므로 리더는 마지막 순간까지 최선을 다해 불신 가족의 구원을 위해 기도해야 한다.

3. 교회를 세우는 리더

바울은 하나님께서 마게도냐에 대한 비전을 보여주셨을 때 소아시아에서의 사역을 멈추고 즉시 마게도냐로 건너갔다. 바울이 마게도냐의 첫 번째 성인 빌립보에 도착했을 때 그곳에는 변변한 기도처가 하나도 없었다. 그런데 바울이 전하는 말씀을 들은 사람 중에 루디아라는 여인이 예수님을 믿게 되었다. 루디아는 바울 일행을 자기 집으로 초대하여 자기 집에 머물게 했다. 그리고 루디아는 자기 집을 예배장소로 제공했다.

> 사도행전 16:15 "그와 그 집이 다 세례를 받고 우리에게 청하여 이르되 만일 나를 주 믿는 자로 알거든 내 집에 들어와 유하라 하고 강권하여 머물게 하니라".

바울 일행은 루디아의 집에 머물면서 그곳에서 가정 예배를 드리기 시작했다. 그리고 그 예배에 다른 사람들도 참석하게 되었다. 따라서 루디아의 집은 예배처소가 되었고, 나중에는 빌립보 교회로 발전하게 된 것이다. 따라서 루디아는 유럽 최초의 교회인 "빌립보 교회를 세우는 리더"가 된 것이다.

우리교회는 처음에 최민식 장로와 김명숙 권사 집에서 시작되었다. 예배 처소가 없어서 막막하던 때에 그들은 자기 집을 예배 처소로 공개해 주었고 나는 두 달 동안 그곳에서 예배를 드릴 수가 있었다. 그러므로 최민식 장로와 김명숙 권사 부부는 우리교회를 시작하는데 큰 힘이 되어 주신 분들이다.

이와같이 성도들의 헌신이 교회를 세우는 데 큰 힘이 되는 것이다. 이후에 사도들교회는 효성동 상가교회에 자리를 잡게 되었고, 4년 후에는 지금의 가정동 새성전으로 이전하여 큰 부흥을 이루게 되었다.

루디아는 "교회를 세우는 리더"로서 교회를 세우는 일에 헌신했다. 루디아를 통해 빌립보 교회가 세워졌고 빌립보 교회는 서양에 기독교를 전파하는 데 크게 쓰임을 받게 되었다. 그러므로 교회를 세우기 위해서는 리더의 헌신이 절대적으로 필요하다. 요즘 성도들은 헌신은 별로 하지 않으면서 좋은 교회가 세워지기를 기대하는 마음은 크다. 하지만, 성도들의 헌신 없이 좋은 교회는 세워질 수가 없다.

교회가 성장하기 위해서는 성도들의 많은 헌신이 필요하다. 예배 처소를 마련하기까지 성도들이 헌신이 필요하다. 부르짖어 기도하는 성도들의 헌신이 필요하다. 열심히 전도하는 성도들의 헌신이 필요하다. 주일예배에 참석하여 사모하는 마음으로 예배하는 성도들의 헌신이 필요하다. 새벽예배와 금요예배에 나와서 눈물로 기도하는 성도들의 헌신이 필요하다.

이런 성도들의 헌신을 통해 교회가 든든히 세워지는 것이다. 따라서 우리도 교회를 세우는 일에 더욱 헌신하는 리더가 되자.

루디아는 어떤 리더였나?

루디아는 사업을 잘하는 리더였다. 그가 사업가였기 때문에 바울의 선교사역을 적극적으로 후원할 수가 있었던 것이다. 루디아는 가족을 구원하는 리더였다. 그가 열심히 신앙생활을 할 때 그를 통하여 가족까지도 구원받는 역사가 일어났다. 루디아는 교회를 세우는 리더였다. 그의 가정에서 시작된 교회는 나중에 빌립보 교회가 되었고, 빌립보 교회는 유럽 선교의 길을 여는 데 있어서 중요한 역할을 담당하게 되었다. 그러므로 우리가 이런 루디아의 리더십을 배워서 우리도 교회를 세우는 일에 쓰임 받는 좋은 리더가 되자.

적용과 나눔

1. 루디아를 생각할 때 가장 먼저 떠오르는 단어가 무엇인가?

2. 루디아는 사업을 잘하는 리더, 가족을 구원하는 리더, 교회를 세우는 리더였다. 이런 루디아의 모습에서 내가 새롭게 깨달은 것이 무엇인가?

3. 루디아는 빌립보교회를 세우는 일에 크게 헌신했다. 내가 지금 우리교회를 세우는 일에 헌신하고 있는 것이 무엇인가?

4. 루디아와 같은 리더가 되기 위해서 내가 더 노력해야 것이 무엇인가?

5. 루디아와 같은 리더가 되기 위해서 기도하자.

예수 그리스도

35. 세베대의 아들 야고보와 요한이 주께 나아와 여짜오되 선생님이여 무엇이든지 우리가 구하는 바를 우리에게 하여 주시기를 원하옵나이다

36. 이르시되 너희에게 무엇을 하여 주기를 원하느냐

37. 여짜오되 주의 영광중에서 우리를 하나는 주의 우편에, 하나는 좌편에 앉게 하여 주옵소서

38. 예수께서 이르시되 너희는 너희가 구하는 것을 알지 못하는도다 내가 마시는 잔을 너희가 마실 수 있으며 내가 받는 세례를 너희가 받을 수 있느냐

39. 그들이 말하되 할 수 있나이다 예수께서 이르시되 너희는 내가 마시는 잔을 마시며 내가 받는 세례를 받으려니와

40. 내 좌우편에 앉는 것은 내가 줄 것이 아니라 누구를 위하여 준비되었든지 그들이 얻을 것이니라

41. 열 제자가 듣고 야고보와 요한에 대하여 화를 내거늘

42. 예수께서 불러다가 이르시되 이방인의 집권자들이 그들을 임의로 주관하고 그 고관들이 그들에게 권세를 부리는 줄을 너희가 알거니와

43. 너희 중에는 그렇지 않을지니 너희 중에 누구든지 크고자 하는 자는 너희를 섬기는 자가 되고

44. 너희 중에 누구든지 으뜸이 되고자 하는 자는 모든 사람의 종이 되어야 하리라

45. 인자가 온 것은 섬김을 받으려 함이 아니라 도리어 섬기려 하고 자기 목숨을 많은 사람의 대속물로 주려 함이니라.

마가복음 10:35-45

CHAPTER 05

예수 그리스도
섬김의 리더

코카콜라 회사의 회장이자 경영책임자(CEO)인 로베르토 고이주에타(Roberto Goizueta)는 코카콜라를 이 세상에서 가장 좋은 회사로 만드는 꿈을 품고 열심히 일하던 중에 갑작스럽게 암 진단을 받고 6주 만에 사망했다. 경영책임자(CEO)를 갑작스럽게 잃은 회사는 혼란 속에 빠져드는 경우가 많은데, 코카콜라 회사는 그렇지 않았다.

고이주에타가 회사에 남긴 유산은 놀라웠다. 그가 1981년에 코카콜라를 책임 맡았을 때, 그 회사의 가치는 40억 달러였다. 그러나 고이주에타의 지도력 아래서 그 회사의 가치는 1,550억 달러가 되었으며 미국에서 두 번째로 큰 기업으로 성장했다. 그러나 고이주에타가 회사에 남겨놓은 더 중요한 유산은 자기의 계승자인 더글라스 이베스터(Douglas Ivester)를 준비해 놓았다는 것이다. 이베스터는 1979년에 코카콜라에서 회계조정자로 일을 시작했다. 그런데, 1989년에 고이주에타는 이베스터가 미개발된 잠재력이 있다고 보고 그를 유럽으로 보내어 국제적인 경험을 쌓게 했다. 1994년에는 이베스터를 코카콜라 회사의 넘버 투로 임명하여 후계자 훈련을 받게 했다.

고이주에타가 이렇게 할 수 있었던 것은 그가 똑같은 방법으로 만들어진 리더였기 때문이다. 고이주에타는 쿠바에서 태어나서 예일대학에서 화학기술 분야를 전공했다. 그는 1954년에 신문광고를 보고 코카콜라 회사에 입사했다. 1966년에 고이주에타는 아틀란타에 있는 코카콜라 회사의 기술연구와 발전분야에 부사장이 되었다. 1970년 초에는 코카콜라 회사의 창업자인 로버트 우드러프(Robert Woodruff)가 고이주에타를 자신의 오른팔로 삼아 그를 훈련시키기 시작했다.

1975년에 고이주에타는 그 회사의 기술 분야의 상임부사장이 되었다. 그리고 1980년에 우드러프가 죽은 후에 고이주에타는 사장 겸 운영책임자가 되었다. 그로부터 1년 뒤에 그는 코카콜라 회사의 회장 겸 최고경영자(CEO)가 되었다. 고이주에타가 1990년대에 후계자를 그렇게 확신 있게 선택하고 발전시키고 훈련시킨 이유는 자신이 1970년에 똑같은 방법으로 세워졌기 때문이다.

　예수 그리스도는 성경에 나오는 인물 중에서 "최고의 리더"이다. 예수 그리스도가 남긴 업적 중에서 최고의 업적은 12명의 제자들을 훈련하여 세워놓았다는 점이다. 예수 그리스도의 공생애 사역이 3년 6개월로 종료되었지만, 예수 그리스도의 사역이 지금까지 계승될 수 있었던 것은 그가 후계자와 같은 12명의 제자들을 훈련하여 남겨놓았기 때문이다. 이런 점에서 예수 그리스도는 최고의 유산을 남긴 최고의 리더인 것이다. 도대체 예수 그리스께서 어떤 리더이기에 하나님께서 그를 크게 사용하신 것일까?

1. 섬기는 리더

　흔히 사람들은 리더십은 "위에서 다스리는 것"이라고 생각한다. 그러나 예수님은 사람들의 기대와는 정반대의 방향으로 나아갔다. 예수님은 "섬김을 받으려고 하기보다 오히려 섬기려고" 하셨다. 이런 예수님의 섬김에 많은 사람들이 감동하면서 예수님을 존경하며 따르게 된 것이다. 이와 같이 섬김을 통해 사람들의 마음을 움직이고 사람들을 이끄는 리더십을 "섬김의 리더십"(Servant Leadership)이라고 부른다.

본문 말씀은 예수님의 제자 중에 세베대의 아들 야고보와 요한이 예수님께 청탁하는 내용이다. 야고보와 요한은 주님의 나라가 임하게 되면 우리를 주의 우편과 좌편에 앉게 해달라고 예수님께 청탁을 했다(막 10:37). 그런데, 이것을 지켜보던 나머지 10명의 제자들은 야고보와 요한에게 화를 내면서 "우리도 높은 자리에 앉게 해달라"고 아우성을 쳤다. 이때 예수님께서 제자들에게 중요한 것을 가르쳐 주셨다.

> 마가복음 10:45 "인자가 온 것은 섬김을 받으려 함이 아니라 도리어 섬기려 하고 자기 목숨을 많은 사람의 대속물로 주려 함이니라"

예수님은 서로 높은 자리를 탐하는 제자들에게 섬김의 중요성을 가르쳐 주셨다. 그러면서 예수님은 내가 이 세상에 온 목적이 섬김을 받기 위함이 아니라 섬기러 왔다고 말씀하셨다. 그러므로 예수님은 "섬김의 리더"이다. 예수님은 높고 높은 하늘 보좌에서 낮고 낮은 이 세상에 오셨다. 하나님의 아들이신 예수 그리스도께서 인간의 몸을 입고 이 세상에 오신 것을 "성육신(聖肉身) 사건"이라고 말한다. 거룩하신 하나님께서 인간의 육신을 입고 이 세상에 오셨다는 말이다. "성육신(聖肉身) 사건"을 "비하(卑下)"라고도 부른다. 비하(卑下)란 자기를 필요 이상으로 낮추었다는 말이다. 하늘에 계신 하나님의 아들께서 낮고 천한 이 세상에 내려오신 것은 자기를 엄청나게 낮춘 것이다. 그렇다면 왜 예수님께서 이 세상에 낮고 천한 인간의 모습으로 오셨나? 그것은 섬기기 위해서다. 예수님은 우리를 구원하기 위해서 자기를 철저히 낮추었고 철저히 섬겨주셨다. 그러므로 예수님은 "섬김의 리더십"을 보여주신 것이다.

일본의 가가와 도요히코 목사는 고베와 도쿄에서 수많은 빈민들을 섬기는 일을 했다. 빈민들이 가장 고통스러워하는 것 중에 하나가 변비이다. 항문에 변이 차돌처럼 굳어 있어서 변이 나오지를 않는다. 그러면 장갑을 끼고 변을 손으로 후벼내야만 한다. 가가와 도요히코 목사가 빈민들의 항문을 손가락으로 후벼주었지만 변이 나오지 않을 때 그는 더러운 빈민들의 항문에 자신의 입을 가져다 대고 차돌같이 굳어 있는 변을 침으로 녹여서 빨아냈다고 한다. 도저히 이해할 수 없는 가가와 도요히코 목사의 행동을 보면서 "어떻게 이렇게 까지 할 수 있느냐?"고 묻는 이들에게 가가와 도요히코 목사는 "나는 배운 대로 합니다"라고 말했다고 한다.

가가와 도요히코 목사는 자기가 폐병에 걸려서 핏덩이를 토했을 때 자기가 토한 피를 닦아주면서 섬겨주었던 나가노 목사의 섬김과 사랑에 감동하여 예수님을 믿게 되었고, 목회자가 되었다. 가가와 도요히코 목사가 섬김에 대한 비전을 품고 빈민들을 섬기는 삶을 살아갈 때 수많은 빈민들이 예수님을 믿게 되었다고 한다.

결국, 가가와 도요히코 목사의 섬기는 삶이 많은 사람들에게 감동을 주었고, 그들을 예수님께로 인도할 수 있게 만든 것이다. 그러므로 가가와 도요히코 목사는 섬김으로 사람들의 마음을 이끄는 "섬김의 리더"였다.

예수님이 이 세상에 오신 목적은 섬기기 위해서다. 예수님은 공생애 기간 동안 스스로 섬김의 삶을 실천하셨다. 뿐만 아니라 예수님은 제자들에게 섬김의 삶을 가르쳐 주셨다. 예수님은 제자들에게 섬김의 삶을 가르치기 위해서 제자들의 발을 직접 씻어주셨다.

> 요한복음 13:15 "내가 너희에게 행한 것 같이 너희도 행하게 하려 하여 본을 보였노라".

예수님께서 제자들의 발을 씻어주신 목적은 그들에게 섬김을 가르치기 위해서였다. 그러므로 예수님의 제자된 우리도 섬기는 사람이 되어야 한다. 대부분의 사람들은 섬김을 받는 것을 좋아한다. 그러나 예수님의 제자 된 우리는 섬김을 받기보다 섬기는 것을 좋아해야 한다. 그러므로 가정에서, 직장과 일터에서, 교회에서 섬기는 사람이 되어야 한다. 그래야 하나님께 쓰임받는 리더가 될 수 있다.

2. 순종하는 리더

하나님은 인간의 죄 문제를 해결하기 위하여 독생자 예수 그리스도를 이 세상에 보내기로 작정하셨다. 그리고, 예수님은 아버지의 뜻에 순종하여 이 세상에 오셨다. 그리고, 예수님은 공생애 3년 6개월 동안 열심히 사역하다가 결국 십자가에 달려 돌아가셨다. 그러므로 예수님은 하나님의 뜻에 온전히 순종하여 이 세상에 오셔서 죽기까지 순종하신 것이다. 이것이 바로 예수님의 "순종하는 리더십"이다.

> 빌립보서 2:8 "사람의 모양으로 나타나사 자기를 낮추시고 죽기까지 복종하셨으니 곧 십자가에 죽으심이라"

하나님의 아들 되시는 분이 사람의 모양으로 이 세상에 오신 것도 대단한 일인데 어떻게 십자가에 달려 죽기까지 순종할 수가 있단 말인가? 이런 예수님의 순종이 우리들을 감동케 한다.

어느날 하나님께서 아브라함에게 100세에 낳은 아들 이삭을 제물로 바치라고 명령하셨다. 이 명령을 들었을 때 아브라함의 마음이 어떠했겠는가? 가슴이 찢어질 듯 아팠을 것이다. 하지만 아브라함은 하나님의 명령에 순종했다. 아브라함은 이삭을 데리고 사흘 길을 걸어서 모리아 산에 갔다. 그리고 그곳에서 이삭을 죽여 제물로 바치기 위해 칼을 높이 들었다. 그런데, 이때 하나님께서 "그 아이에게 손을 대지 말라"고 말씀하셨다. 이것은 하나님께서 아브라함의 믿음을 시험하신 것인데, 아브라함은 이 시험을 통과한 것이다. 아브라함은 하나님께서 사랑하는 아들을 죽이라고 명령했을 때 이것까지도 순종하는 "순종의 리더"였다.

그런데, 아브라함만 순종한 것이 아니다. 아브라함의 아들 이삭도 순종했다. 이삭은 아버지가 자기를 제물로 드리려고 할 때에 그대로 순종했다. 왜냐하면 이삭은 아버지를 믿었기 때문이다. 그래서 이삭도 죽기까지 순종할 수가 있었던 것이다. 이삭이 아버지의 뜻에 순종하는 모습은 마치 예수님께서 하나님 아버지의 뜻에 순종하는 것과 매우 비슷하다. 그래서 신학자들은 이삭을 "예수님의 모형"이라고 부른다.

　예수님께서 대속 제물이 되어 십자가에 달려 죽는 것은 결코 쉬운 일이 아니었을 것이다. 십자가형은 가장 잔인하고 가장 고통스러운 처형법이기 때문에 예수님도 십자가의 죽음 앞에서 많이 고민했을 것이다. 예수님께서 겟세마네 동산에서 기도하는 장면을 보면 예수님의 순종이 결코 쉬운 순종이 아닌 것을 알 수가 있다. 예수님은 기도하면서 "땀방울이 핏방울"이 될 정도로 간절히 기도했다. 예수님은 기도하면서 "할 수만 있다면 십자가의 죽음이 내게서 지나가게 해달라"고 간절히 기도했다. 하지만, 예수님은 결코 자기의 뜻을 주장하지 않았다. 예수님은 "내가 십자가를 지는 것이 아버지의 뜻이라면 순종하겠다"고 고백했다.

　　누가복음 22:42 "이르시되 아버지여 만일 아버지의 뜻이거든 이 잔을 내게서 옮기시옵소서 그러나 내 원대로 마시옵고 아버지의 원대로 되기를 원하나이다 하시니".

　예수님은 자기가 십자가를 지는 것이 인류구원을 위한 하나님의 뜻임을 잘 알고 있었다. 하지만, 예수님도 육신을 입고 있는 이상 죽음 앞에서 두려웠을 것이다. 그래서 "혹시나" 하는 마음으로 다시 한 번 하나님의 뜻을 물어본 것이다. 여기서 중요한 것은 예수님께서 자기의 뜻을 주장하기보다 하나님의 뜻에 철저히 순종했다는 것이다. 그러므로 예수님은 "순종하는 리더"이다.

많은 성도들이 내가 할 수 있는 것만 순종하려고 한다. 그리고 내가 할 수 있는 만큼만 순종하려고 한다. 그러면서 하나님의 뜻에 순종했다고 착각한다. 많은 성도들이 하나님의 뜻보다 내 뜻을 앞세운다. 그리고 내 뜻과 생각만큼만 순종한다. 그러면서 하나님의 뜻에 순종했다고 착각한다. 그러나 참된 순종이란 "하나님의 뜻에 전적으로 순종하는 것"이다. 그리고 "즉시 순종하는 것"이다. 그러므로 내 것을 고집하고 내 것을 주장하는 사람은 절대 하나님께 순종할 수가 없다. 하나님의 뜻을 모르는 사람도 절대 하나님께 순종할 수가 없다. 그러므로 하나님의 뜻을 알기 위해 기도해야 한다. 그리고 하나님의 뜻이라면 철저히 순종해야 한다. 그래야 좋은 리더가 될 수 있다.

3. 능력있는 리더

예수님께서는 이 세상에서 사역하는 동안 가르치고, 전파하고 치유하는 3가지 사역을 담당하셨다. 예수님에게는 가르치는 능력과 복음을 전파하는 능력이 있었지만 사람들에게 가장 관심을 끌었던 것은 바로 "병을 고치는 능력"이었다.

복음서에 보면 예수님께서 행하신 수많은 치유사역들이 소개된다. 예수님은 소경 바디매오의 눈을 뜨게 하셨다. 베드로의 장모의 열병을 고쳐주셨다. 38년 된 중풍병자를 고쳐주셨다. 열 두해 혈루증을 앓던 여인을 고쳐 주셨다. 문둥병자를 고쳐주셨다. 심지어는 죽은 나사로도 다시 살려주셨다. 이와 같이 예수님은 수많은 병자들을 고쳐 주셨다. 수많은 사람들이 이런 예수님의 능력을 보고 예수님을 믿고 따르게 된 것이다. 그러므로 예수님은 "능력있는 리더"였다.

예수님이 행하신 능력 중에서 최고의 능력은 부활이다. 예수님은 유대 종교지도자들의 모함에 의해서 금요일 오전 9시에 골고다 언덕에서 십자가 매달리셨다. 그리고 금요일 오후 3시에 "다 이루었도다"라는 말씀을 남기고 운명하셨다. 예수님께서 십자가에 달려 돌아가신 그날 저녁 아리마대 사람 요셉이 빌라도 총독의 허락을 받고 예수님이 시신을 가져왔다. 그리고 예수님의 시신을 깨끗한 세마포에 싸서 바위 속에 판 자기의 새 무덤에 장사를 했다. 빌라도는 경비병들을 시켜서 사흘 동안 예수님의 무덤을 철저하게 지키도록 명령을 내렸다.

안식 후 첫날 새벽에 막달라 마리아와 다른 마리아가 향품을 가지고 예수님의 무덤을 찾아갔다. 그런데, 이때 큰 지진이 나면서 주의 천사가 하늘에서 내려오더니 예수님의 무덤을 막고 있던 큰 돌을 굴려내고 그 위에 앉았다. 천사의 형상이 번개 같고 그 옷이 눈같이 찬란하여 무덤을 지키던 경비병들이 무서워 떨다가 마치 죽은 사람처럼 되었다. 이런 상황에서 막달라 마리아와 다른 마리아가 무서워할 때 천사가 다음과 같이 말했다.

> 마태복음 28:5-6 "천사가 여자들에게 말하여 이르되 너희는 무서워하지 말라 십자가에 못 박히신 예수를 너희가 찾는 줄을 내가 아노라 그가 여기 계시지 않고 그가 말씀 하시던 대로 살아나셨느니라 와서 그가 누우셨던 곳을 보라".

예수님은 십자가에 달려 돌아가셨다. 그러나 예수님은 죽은 지 사흘 만에 다시 살아나셨다. 이것이 바로 예수님의 능력이다. 예수님은 사망에 머물러 있지 않았고, 다시 살아나셨다. 그러므로 우리는 사망권세를 물리치고 부활하신 예수님을 최고로 "능력 있는 리더"라고 부르는 것이다.

지금까지 어떤 사람도 죽었다가 다시 살아난 사람은 없다. 설령 살아났다고 해도 그는 다시 죽었다. 하지만, 예수님은 죽음에서 다시 살아나셨고, 다시는 죽지 않는 몸을 입게 되셨고 죽은 자들의 첫 열매가 되셨다. 바울은 고린도전서 15장20절에서 "그러나 이제 그리스도께서 죽은 자 가운데서 다시 살아나사 잠자는 자들의 첫 열매가 되었도다"라고 강조한다. 그러므로 예수님은 사망권세를 이기고 죽음에서 부활하신 "능력있는 리더"이다. 그러므로 우리가 예수님을 믿을 때 우리도 사망권세를 이기고 부활하는 능력을 갖게 될 것이다.

예수 그리스도는 어떤 리더였나?

예수 그리스도는 섬기는 리더였다. 그는 가장 높은 하늘 보좌에서 가장 낮고 천한 이 세상에 오셔서 겸손히 섬기는 삶을 사셨다. 예수 그리스도는 순종하는 리더였다. 그는 하나님의 아들임에도 불구하고 종의 모습으로 이 세상에 오셔서 죽기까지 순종하는 삶을 사셨다. 예수 그리스도는 능력있는 리더였다. 그는 십자가의 죽음으로 모든 죄와 사망의 권세를 멸하시고 부활하심으로 모든 능력 위에 뛰어나신 하나님의 능력과 권세를 보여주셨다. 그러므로 우리가 이런 예수 그리스도의 리더십을 배워서 우리도 이 땅에서 예수 그리스도의 제자의 사명을 잘 감당함으로 하나님께 쓰임 받는 좋은 리더가 되자.

적용과 나눔

1. 예수님을 생각할 때 가장 먼저 떠오르는 단어가 무엇인가?

2. 예수님은 섬기는 리더, 순종하는 리더, 능력있는 리더였다. 이런 예수님의 모습에서 내가 새롭게 깨달은 것이 무엇인가?

3. 예수님은 이 세상에 섬김을 받으러 온 것이 아니라 섬기러 왔다고 말씀하셨다. 내가 삶의 자리(가정,일터,교회)에서 가장 잘 섬길 수 있는 일이 무엇이라고 생각하나?

4. 15명의 성경 리더 중에서 나와 가장 비슷한 리더는 누구이고 내가 가장 닮고 싶은 리더는 누구인지를 생각해보고 나눠보자.

5. 예수님과 같은 리더가 되기 위해서 기도하자.

EPILOGUE · 에필로그

리더는 학습을 통해 만들어진다

"리더는 태어나는 것이 아니라 학습을 통해 만들어지는 것"이라는 존 맥스웰(John Maxwell) 박사의 말을 나는 참 좋아한다. 존 맥스웰 박사의 이 말은 리더십이 부족했던 나에게 용기를 주었고, "나도 리더십을 배워서 좋은 리더가 되겠다"는 소망을 갖게 했다.

리더와 리더십에 관한 책을 통해 리더들의 삶을 배우면서 나의 리더십이 조금씩 향상되는 것을 알게 되었다. 따라서 나는 "리더십은 학습을 통해 만들어진다"는 것을 나의 경험을 통해 더욱 확신하게 되었다. 그리고 이런 나의 확신은 교인들에게도 리더십을 가르치고 훈련하고 싶은 마음을 갖게 했다.

결국 이런 나의 생각들이 2015년도에 "리더십 시리즈" 설교를 시작하게 만들었다. 15명의 성경의 리더들을 연구함에 있어서 그들의 삶과 리더십을 학문적으로 심층 연구하지는 않았다. 나는 단지 설교자의 입장에서 성경 리더들의 삶을 묵상하고, 그들의 삶에서 배울 수 있는 리더십의 특징을 찾아서 정리했다. 그리고, 그것을 토대로 15주 동안 주일낮 설교를 진행했다. 성경 리더들의 리더십에 대해서 설교를 진행하면서 그 누구보다 내가 가장 많은 은혜와 도전을 받은 것 같다. 그리고, "리더십 시리즈" 설교를 듣는 우리교회 성도들도 리더십 설교를 통해 리더와 리더십에 대한 비전을 갖게 되었다.

내가 성경에서 선택한 15명의 리더들은 내가 가장 좋아하는 성경 리더인 동시에 우리가 배우고 본받아야 할 믿음의 좋은 모델들이다. 또한 그들은 하나님께서 크게 사용하신 좋은 리더들이다. 따라서 우리가 15명의 성경 리더의 리더십을 배우고 익힌다면 우리도 좋은 리더가 될 수 있고, 믿음의 사람으로 성장하여 하나님께 쓰임 받게 될 것을 확신한다.

"하나님이 쓰시는 리더들"의 다양한 리더십을 이 작은 책에 담아내려는 시도 자체가 나의 교만이요 욕심이라는 생각이 들기도 했다. 하지만, 그럼에도 불구하고 이 책을 출판하는 것은 내가 "리더십 시리즈" 설교를 준비하면서 고민했던 설교자의 고민과 생각들을 나누기 위해서다. 이 책이 독자들로 하여금 리더십에 대한 비전을 품고, "하나님이 쓰시는 리더"로 성장하는 데 조금이나마 도움이 되기를 바란다.

박 승 효